国际商务

理论与应用

International Business: Theory and Practice

主编 王珏 刘夏明

参编 林花 杨娜 李昂 梅鹤轩 陈烨 钟冲 梁晶晶 张媛 周苇

机械工业出版社
China Machine Press

图书在版编目（CIP）数据

国际商务：理论与应用 / 王珏，刘夏明主编．—北京：机械工业出版社，2018.4（2022.7 重印）

ISBN 978-7-111-59512-0

I. 国… II. ① 王… ② 刘… III. 国际商务 IV. F740

中国版本图书馆 CIP 数据核字（2018）第 054457 号

本书的写作宗旨是让国内国际商务的培养单位（学生和教师）系统了解国际商务的学科内涵和基本理论体系。本书系统讲解了国际商务的定义、发展历史及研究内容，并梳理了国际商务理论及其研究发展历程，详细介绍了国际商务学科涉及的理论，并结合其应用对这些理论进行剖析。

本书适合于国际商务专业 / 国际经济与贸易专业本科生与研究生，以及对国际商务学科感兴趣的读者。

出版发行：机械工业出版社（北京市西城区百万庄大街 22 号 邮政编码：100037）

责任编辑：孟宪勐　　责任校对：殷　虹

印　　刷：北京捷迅佳彩印刷有限公司　　版　　次：2022 年 7 月第 1 版第 3 次印刷

开　　本：185mm×260mm 1/16　　印　　张：10

书　　号：ISBN 978-7-111-59512-0　　定　　价：59.00 元

凡购本书，如有缺页、倒页、脱页，由本社发行部调换

客服热线：(010) 88379210 88361066　　投稿热线：(010) 88379007

购书热线：(010) 68326294 88379649 68995259　　读者信箱：hzjg@hzbook.com

本书得到

国家自然科学基金　面上项目
母国制度缺陷背景下中国企业对外直接投资的战略与绩效研究
——基于对 5688 家中国对外投资企业的分析
（项目编号：71572150）

国家自然科学基金　面上项目
中国企业对外直接投资的空间布局与行为关联研究
（项目编号：71673227）

支持

P R E F A C E

前言

国际商务作为一种商业活动已有悠久的历史，是世界互联互通最重要的经济活动之一，对当今世界政治经济格局的形成产生了重要影响。现代国际商务作为一门学科，始于20世纪50年代。1988年，美国国会通过了《综合贸易与竞争法》，要求美国的大学设立国际商务教育与研究中心（CIBER）。在这之后的几十年，美国有数百所高校设立了CIBER或相似的教育研究中心，旨在培养国际商务新一代的商业精英。英国约有130所高校，其中的大部分也设立有国际商务相关专业。尽管欧美高校的国际商务在具体的教学内容和方式方面有所不同，但其核心理念都是跨学科，且都强调理论与实践相结合。国际商务研究跨国的各种商业活动，包括国际贸易、国际投资和跨国公司，因而涉及社会学、经济学、管理学、政治学乃至历史和文化等相关学科，所以国际商务研究及其理论构架从一开始就表现出多样化和跨学科的特点。随着全球化进程的不断推进，中国等发展中国家在全球经济中发挥的作用越发重要，国际商务研究及其传统理论构架也开始涵盖更多领域的新内容。

改革开放以来，中国的对外开放程度不断加深，国际商务活动在国民经济活动中越来越重要。中国加入WTO之后，发展到今天，已经成为世界最大的贸易国和外资流入国，同时中国企业也越来越多地走出去，使得中国现已成为世界第二大的对外直接投资国。为适应21世纪我国国际贸易与国际投资的发展需要，增强国际竞争力，我国从2004年便开始招收国际商务专业本科生，历经近10年的发展，2011年国际商务专业硕士（MIB）正式被国务院学位办纳入专业学位教育，国际商务专业被业界视为一个欣欣向荣的朝阳专业。2013 年国际商务学科正式被教育部纳入本科生招生的表内目录后，国际商务专业在招生规模、招生层次和社会影响力等方面都得到了积极和快速的发展，本科生招生院校从 2013 年的 38 所增加到 2017 年的 93 所，4 年时间增长 144.7%。截至 2017 年已有 94 所高校成为国际商务硕士专业学位培养单位，这种情况表明，国内关于国际商务人才的培养正从实务应用型人才转向应用研究型人才。

2015 年 5 月，《中共中央　国务院关于构建开放型经济新体制的若干意见》明确了我国构建开放型经济新体制的总体要求，并将其总体目标定位为“加快培育国际合作和竞争新优势，更加积极地促进内需和外需平衡、进口和出口平衡、引进外资和对外投资平衡，逐步实现国际收支基本平衡，形成全方位开放新格局，实现开放型经济治理体系和治理能力现代化，在扩大开放中树立正确义利观，切实维护国家利益，保障国家安全，推动我国与世界各国共同发展，构建互利共赢、多元平衡、安全高效的开放型经济新体制”。党的十九大进一步指出要推动形成全面开放新格局，并明确强调要以“一带一路”建设为重点，坚持引进来和走出去并重，这些重大国家对外开放战略都急需具有较强的专业能力和职业素养、能够创造性地从事国际商务实际工作的高层次专业人才。由于在积极推动“一带一路”、全球治理体系变革等过程中存在诸多新问题、新挑战，同时有必要基于中国特色构建适合中国国情的新的理论体系以支撑发展，为此，我国也迫切需要构建一支能够有效地将理论和实践进行有机结合的国际商务应用研究型人才队伍。

然而，目前我国国际商务专业普遍使用的教科书多以国际商务活动的具体内容，或者是国际商务学科的研究内容来展开讨论，讲授虽然详尽，但是却仍然缺乏对于国际商务发展概况、学术资源以及相关理论的系统梳理。事实上，在平时的教学和科研活动中，学生们往往会遇到这样一些问题和困惑，比较突出的问题包括：①国际商务专业到底是什么，与国际贸易的区别是什么？②国际商务专业是一个独立的学科吗？③国际商务有自己的学术资源吗？④国际商务的研究方法是什么？⑤国际商务研究的主流理论有哪些，与我们熟知的国际贸易主流理论是一致的吗？而对于这些问题的解答，目前我国普遍使用的教材仍缺乏比较系统的探讨。

本书从国际商务的基本内涵和学科发展概况出发，较为系统地梳理和介绍了国际商务领域学术期刊学会及研究中心、国际商务理论 50 余年的发展演进以及当前国际商务研究的主流理论，包括：内部化理论、国际生产折衷理论、制度理论、社会网络理论、资源基础理论、吸收能力理论、渐进国际化与天生国际化等。作者希望将国际商务学科理论体系作为一个有机整体完整地呈现给读者，不求详尽，只求使读者对国际商务有一个系统性的认知，以利于理论教学与科研实践的发展。

本书的写作得到了许多人的关心和支持。首先，要感谢林桂军教授、赵忠秀教授、黄建忠教授、唐宜红教授、盛斌教授和洪俊杰教授的悉心指导和督促，他们使得本书的撰写和出版得以最终完成。其次，要感谢几位知名华裔国际商务学者，李应芳教授、刘晓辉教授、魏颖琦教授和王晨刚教授对本书从框架到各个章节内容的仔细把关。同时，要感谢我们的同事对本书的编撰给予的许许多多有益的意见和建议，感谢姜玉梅教授、孙楚仁教授、姚星教授、逯建教授、吴钢副教授、蒋为副教授。特别要感谢那些为本书的编撰和修改默默辛勤劳动的博士和硕士研究生们，他们在本书的编撰过程中给予了作者莫大的帮助，感谢余璐、刘诗韵、杜雨钊。本书的撰写，是我们对平时教学和科研指导工作中积累的问题以及我们初步思考的一些总结归纳的尝试，仍然还存在诸多不够完善的地方，真诚欢迎学术界和业界同人提出宝贵批评意见，以便我们不断改进！

C O N T E N T S

目 录

C H A P T E R 1

第一章

国际商务的基本内涵和学科发展概况

国际商务活动由来已久，对当今世界政治经济格局的形成产生了重要的影响作用。国际商务专业自从2004年首次在我国开始招收本科生以来已历经10余年的发展。2013年国际商务学科正式被教育部纳入本科生招生的表内目录后，国际商务作为工商管理下的二级学科在招生规模、招生层次、学科发展和社会影响力等方面都得到了积极和快速的发展。特别是在2011年国际商务专业硕士（MIB）正式被国务院学位办纳入专业学位教育，其更是被业界视为一个欣欣向荣的朝阳专业。然而，无论是业界还是国际商务专业学生，对于国际商务这一相对年轻的专业还缺乏清晰的认知。什么是国际商务？国际商务的研究内容是什么？它与国际贸易学科有什么不同？国际商务学科的教学和科研工作者在平时工作中常常都会被问及此类问题。本章从国际商务的基本内涵、重要研究内容、国内外国际商务学科发展概况、国际商务与国际贸易的联系和区别等进行介绍，希望将国际商务学科作为一幅地图完整地呈现给读者，不求详尽，只求使读者对国际商务有一个整体性的了解，以利于理论教学与科研实践的发展（王珏、逯建、姜玉梅，2016）。

一、国际商务的基本内涵

（一）国际商务的定义

国际商务，英文翻译为 international business。在众多对国际商务的定义中，我们选择其中具有普遍代表性的来进行比较。全球国际商务课程中被广泛采用的权威教材——美国国际商务著名学者希尔所著的《国际商务》一书，对国际商务的定义为：所有从事国际贸易和国际投资的活动。美国迈阿密大学著名国际商务学者丹尼尔斯则将国际商务定义为：所有两个或多国间的商业交易活动（包括企业和政府活动），如跨国销售、跨国投资等。美国得克萨斯 A&M 大学学者格里芬对国际商务的定义为：所有涉及个人、企业、公共组织机构的跨境的商业活动。薛求知和刘子馨（1995）认为：国际商务是指越过国界的任何形式的工商业活动。它包括几乎任何形式的经济资源——商品、劳务、技术和资本的国际转移和交易。

显然，从这些国内外不同学者对国际商务的定义中，我们不难发现，国际商务活动的重点主要有以下三点。

第一，"跨境""跨国"。国际商务活动区别于一般的工商业活动的一个重要特征就是国际商务活动必须是发生在两国或多国间，即存在跨越国境或地区的行为和活动，如美国福特集团在中国重庆市建立中美合资企业"长安福特"；巴西将生产的咖啡豆出口到欧洲多个国家；三一重工斥资 26 亿元收购德国普茨迈斯特。而一国跨省的活动则不能纳入到国际商务的范畴，如浙江农夫山泉在四川省峨眉山投资生产矿泉水。这里有一点需要特别说明，中国港澳台地区与中国大陆地区之间的商业活动虽然没有跨越国境，但是一般也被纳入国际商务活动的范畴。

第二，有经济商业活动发生。跨国境（地区）是前提，但是同时也要有经济商业活动发生。这里举一个比较特别的例子：DHL 公司将一个中国客户的包裹通过航空递送的方式送到英国，从北京到伦敦的国际航线上要飞跃蒙古、俄罗斯、波兰、德国、比利时、法国等多个国家，最终到达英国。假设中间飞跃的这些国家对于这样的国际递送活动都没有收取相关的费用，那么这项跨国递送活动就只对于中国、英国算作国际商务活动，而对于其他中间经过的国家就不算。

第三，个人、团队、企业、公共组织都可以是活动的载体。现在国际商务活动和研究的主要侧重点是企业，特别是我们通常所说的跨国公司（multinational enterprise，MNE）。不可否认，跨国公司肯定是国际商务活动和研究的重点，也是国际商务活动的主要载体，但是现在人们往往忽略了除了企业以外的载体。任何个人、团队也是国际商务活动的载体和研究的对象。比如，“2011 年中国温州市关于允许个人境外投资的方案”就是中国国际商务领域研究个人国际商务活动的一个新颖的话题。

作为国际商务活动的主要载体，下面我们简要分析一下企业国际商务活动的两大类型：一是国际贸易（international trade），二是国际直接投资（foreign direct investment，FDI）。国际贸易以商品或者服务的进出口为主要形式，国际直接投资以在外国建立独资（whole owned firm）、合资企业（joint venture firm）为主。此外，国际商务活动还包括许可证贸易、连锁经营、技术转让、管理技术输出、劳务输出等多种形式。国际商务既包括一个企业的一种或几种跨国界（地区）的国际性经济和商业活动，也包括这一企业从一个国内企业，演变成一个国际企业，甚至最终成为跨国企业的过程。这两个方面本身是不可分割的，不管侧重于哪个方面，分析的重点都应放在企业这个层面。因此，我们界定了国际商务的研究范围：从企业层面，研究企业跨越国界（地区）的各种经济和商业活动的本质、内容和方式，探讨国际经营的规律；研究成为国际公司的企业所面临的不同管理体制的本质、内容和方式，探讨管理国际企业乃至跨国公司的方式和规律。因此，国际商务将研究国际贸易的理论、贸易格局与方式、交易条件、支付结算等理论与实务问题；同时，还要研究由国际直接投资产生的国际投资理论、跨国公司经营与管理战略、公司国际化战略选择等问题。

由此可知，国际商务从内涵到外延都大大超过了传统的国际贸易以及作为学科或专业的国际贸易学。界定国际商务的内涵，有助于我们将其作为一门学科加以研究，以及在将其作为一个专业设立时，更清楚地划定它的内涵和边界。

（二）国际商务活动的发展历史

国际商务作为研究跨国（地区）间的经济和商业活动已有相当长的历史，国际商务活动自有了国界以来就已出现，其源头甚至可上溯到罗马帝国时代。国际商务活动对今天的世界政治经济格局的形成发挥了重要的作用。特别是自 20 世纪 70 年代起，世界贸易总额从 2 000 亿美元跃升到 6.3 万亿美元，国际直接投资从 2 100 亿美元增加到 2016 年的 1.75 万亿美元（UNCTAD，2017），增长速度大大超过世界大多数国家的国内经济增长速度。可以预计，国际贸易与国际直接投资的发展势头，将在 21 世纪更加迅猛。随着国际商务活动的爆发性增长，从事国际商务活动的企业也大大增多，而在这个过程中，跨国公司起到了不可替代的作用。在 20 世纪前期，英国的跨国公司是世界经济活动的主导力量，第二次世界大战后特别是20世纪60年代起，美国的跨国公司取代英国公司成为国际商务活动中最重要的力量。在20世纪70年代，全球260家最大的跨国公司中，美国占了48.5%。此外，从20世纪90年代起，新兴工业国家，特别是金砖国家（BRICS）——中国、印度、巴西、俄罗斯和南非的跨国公司逐渐成为新的生力军出现在全球国际商务的舞台上，过去10年对世界经济增长的贡献率超过50%，并将持续发挥着越来越重要的作用。以2016年为例，金砖国家国内生产总值约占世界总量的23%，吸引国际直接投资和对外直接投资分别约占世界的15%和8%（UNCTAD，2017）。金砖五国中，中国（含香港地区、台湾地区、澳门地区）、巴西、印度、俄罗斯四国都进入吸引国际直接投资流量全球前20位，分别为中国内地（3）、中国香港（4）、巴西（7）、印度（9）、俄罗斯（10）；对外直接投资方面，中国（含香港地区、台湾地区、澳门地区）、俄罗斯都进入前20位，分别为中国内地（2）、中国香港（6）、俄罗斯（14）、中国台湾（20）。来自金砖国家的跨国公司也成为全球跨国并购中新兴的主力军，2016年，五国跨国公司共收购了价值1 000亿美元的全球资产，成为G20成员中的绝对领先者（UNCTAD，2017）。

与此同时，2013年中国首次向全球提出“丝绸之路经济带”和“21世纪海上丝绸之路”（后简称为“一带一路”）倡议，成为国际商务发展史上的又一里程碑。“一带一路”沿线国家和地区覆盖全球超过60%的人口、全球GDP和贸易的1/3以上，该倡议提出后，全球100多个国家和国际组织共同参与，40多个国家和国际组织同中国签署合作协议超过50项，覆盖全球6大经济走廊，形成广泛国际合作共识。“一带一路”倡议所倡导的“共商、共建、共享”理念深入人心，通过打造开放型合作平台，创造有利于开放发展的环境；通过构建公正、合理、透明的国际经贸投资规则体系，促进生产要素有序流动、资源高效配置、市场深度融合；通过维护多边贸易体制，推动自由贸易区建设，促进贸易和投资自由化便利化；通过解决发展失衡、治理困境、数字鸿沟、分配差距等问题，建设开放、包容、普惠、平衡、共赢的经济全球化格局（UNCTAD，2017；杨雪锋，2017）。

国际商务的发展所带来的最重要结果是经济全球化的形成，经济全球化格局的形成反过来又进一步推动国际商务活动更大规模地增加和发展。经济全球化意味着市场的全球化，即一国的国内市场，成为全球市场的一个部分，至少被全球市场所左右或影响；经济全球化意味着生产的全球化，甚至单个企业在开展具体生产活动时，也会想办法使生产活动能充分利用全球的最佳生产要素配置，放在全球最优的环境或地点进行生产，形成更多的“全球产品”。这些因素的合力作用，势必引导经济全球化呈现这样的发展趋势，即各国之间妨碍商品、服务、资金、技术、劳动力、信息和管理技术的贸易与流动的壁垒被进一步削弱，各个国家的贸易、金融市场、技术发展、各国的企业甚至个人的生活，都由经济纽带加以更加紧密的联结。与此同时，经济全球化的发展又应是规范的和有序的，这就要求各个参与国家必须遵循一套被普遍接受的游戏规则。

总之，以经济全球化为特征的国际商务发展现实告诉我们，一国再奉行经济孤立主义既没有现实的可能性，也没有经济、政治和社会的合理性。唯一理性的选择是顺应历史潮流，迎接经济全球化的挑战。在最大限度地利用和享受经济全球化所带来的利益的同时，最大限度地规避和降低它所产生的负面影响。像中国这样的大国在关注自身发展的同时，也越来越体现出在全球化中的大国担当。中国在自身深入参与全球治理的进程中，不断引导经济全球化朝着更加包容互惠、公正合理的方向发展；在关注国家富强的同时，积极携手各国一起，在共同协商、平等对话、相互助力的基础上，合力解决现代化发展面临的普遍性难题，积极提供解决全球性和地区热点问题的建设性方案。特别是“一带一路”倡议的提出与推进，使中国和亚非欧各国乃至整个世界在共商、共建、共享中更好地实现开放、包容、均衡、普惠发展。这是中国为区域乃至整个国际合作提供的新方案，是中国对世界发展贡献的新智慧，是推动国际商务活动发展的新的伟大实践。

（三）国际商务的主要研究内容

国际商务是20世纪50年代开始发展起来的一门新兴的综合性、跨专业交叉学科。它涉及面很广，与其他学科（例如经济学、管理学、人类学、社会学、组织学及心理学等）有很多交叉。从广义上讲，国际商务的内容主要包括研究经济资源跨越国界的交换和转移，研究国家、企业和个人为经济利益目的而进行的商业性经济活动，以及跨越国界的非商业性经济活动。从狭义上讲，国际商务的本质是“跨国界”，最基本的国际商务活动是跨国界的经济交易活动。国际商务研究的主要对象是跨国公司。结合近年来国际商务研究领域的主要研究成果，特别是希尔在《国际商务》一书中的论述，我们大致将国际商务的主要研究内容归纳如下。

1. 国际商务理论的发展演进

国际商务人才一般要求了解全球经济一体化及其对企业经营所带来的变化，包括经济全球化与企业国际化经营的现状、特点和发展趋势；理解国际商务的发展及其特殊性，国际商务的基本理论，主要包括：内部化理论、资源基础理论、国际生产折衷理论、制度理论、吸收能力理论、社会网络理论、天生国际化与渐进式国际化等理论的最新发展、理论演进及适用性等。

国际商务理论是国际商务专业的研究方向之一，对其发展演进的研究对于掌握国际商务学科发展前沿、理论基础，特别是对中国国际商务发展的启示等都有非常重要的意义。

2. 宏观国际差异与国际商务发展

在东道国从事国际商务活动的潜在利益、成本和风险受到该国政治体制、经济体制、法律体系、文化和商业伦理环境等因素的共同影响。这一方向的研究主要从宏观层面研究全球宏观政治和经济变化，特别是东道国宏观环境的变化、东道国与母国直接宏观因素的差异与联系来分析国家差异对国际商务活动的影响；同时，最新的研究也从另一个维度来研究日益增长的跨国公司的能力如何反向影响和改变东道国、母国乃至全球的宏观政治体制、经济体制、法律体制、文化和商业伦理环境等因素。

作为国际商务专业的重要研究方向之一，宏观国际差异与国际商务发展的研究对于跨国公司如何准确把握宏观大势做出相适应的战略决策，东道国和母国国家和地方政府如何根据宏观环境和国家差异制定出与之相适应的促进投资和贸易的政策都具有重要指导意义。

3. 全球贸易与投资环境

当今的国际商务活动正发生在全球贸易与投资不断变化的环境中，世界经济的国际贸易和国际直接投资的发展趋势对于政府、跨国公司决策都有着重要的影响。这一方向主要研究旨在解释国际贸易的各种理论及其最近研究进展、国际贸易的政治经济影响、国际直接投资的趋势及效应和区域经济一体化等。

作为以国际贸易为重点的研究领域，本方向对于促进贸易发展和区域经济的协同发展具有重要的指导意义。

4. 跨国公司国际直接投资战略与组织结构

作为 FDI 战略的主要载体，跨国公司的战略选择及其相适应的组织结构成为国际商务研究领域最重要的研究方向之一。这一方向的研究主要包括国际化经营的基本方式、动因和国际商务环境；国际化经营的进入决策，不同竞争战略的选择；跨国公司的组织结构与管理运作；经济全球化以及新经济条件下企业国际化经营的新特征和新趋势，如竞争战略、战略联盟、跨文化管理中的国际化与当地化的关系等。

作为国际商务专业的重要研究方向之一，同时也是研究最集中的领域，跨国公司 FDI 战略研究对于跨国公司自身、东道国企业发展都具有重要指导意义。

5. 经济全球化视角下的国际商务运营

经济全球化是人类社会发展的客观要求和必然趋势，新知识和科技的变革式发展进一步促使经济全球化在全球范围的迅速扩展。跨国公司作为经济全球化的重要载体，逐步形成全球生产、交换、分配和消费的体系，从而促进经济要素在全球范围内的优化配置。这一方向主要研究跨国公司全球生产、外包与物流战略，全球营销与品牌战略，跨国公司内部、外部的知识流动与创新战略等。

作为国际商务专业的重要研究方向之一，同时也是重点研究的领域，经济全球化视角下针对国际商务运营领域的研究对于跨国公司自身核心竞争力的提升、东道国企业的发展、全球范围内的经济要素的优化配置都具有重要的指导意义。

6. 国际人力资源管理

迈入 21 世纪以来，世界经济发生了巨大的转变。信息化和全球化浪潮推动了跨国企业的迅猛发展。随着全球化步伐的加快与中国改革开放的进一步深化，中外企业的交融碰撞更趋激烈。传统的金融资本、规模效应以及产业技术越来越容易被复制和替代使企业丧失核心竞争力，人力资源逐步被公认为企业持续竞争优势的最重要来源。因此，合理有效地吸引和运用人才已经成为未来组织发展与成功的关键。由于情境跨越国际，受到各地经济、政策、法令法规、民族文化等方面的限制，人力资源管理变得更加错综复杂，这也必然给国际人力资源管理带来了新的挑战和新的研究趋势。这一方向主要涉及跨国公司人力资源战略管理、人力资源管理实践、国际劳工关系、外派员工管理等。

作为国际商务专业的研究方向之一，国际人力资源管理有效地结合了相关的人力资源管理理论与实践，着重研究跨国公司在进行人力资源管理时所面临的选择以及做出选择时需要考虑的若干因素。

7. 跨国金融与财务

当今，随着跨国公司的大规模发展、新的产业组织理论的不断提出、跨国公司面对的金融市场的不断国际化和政府对金融管制的逐步放松，公司金融业务和交易的日趋国际化。与此同时，跨国公司在管理金融工具上不断创新和衍生金融交易的日趋活跃的现状使得对跨国公司金融与财务的研究要求越来越高。这一方向主要研究国际货币体系与外汇市场、全球资本市场与风险管理、跨国公司融资决策与财务管理、跨国公司全球货币管理、各国会计准则与跨国公司发展等。

作为国际商务专业的研究方向之一，跨国金融与财务更加注重国际金融在企业国际化中的作用，这也是国际商务的重要问题之一。

8. 中国公司（新兴经济体）国际化

新兴经济体对外直接投资的稳步增长已逐渐成为世界经济迅速全球化的一个重要现象。在日益增长的经济力量的推动下，中国及其他新兴经济体正在逐步加大寻求海外投资机会的力度。尽管在 1998 年年底之前中国对外直接投资已覆盖 160 个国家和地区，但是另一方面，作为国际舞台的投资方，中国仍处于发展的早期阶段，其投资额仅占世界对外投资总额的很小一部分。可是，在发展中国家的行列，中国已经逐渐成为最主要的 FDI 流出国之一。

中国企业的国际化用十余年的时间走完了欧美发达国家的百年道路，其速度也远远快于日韩历史上的国际化进程，其中涌现出大量具有中国特色的“中国故事”。中国企业在国际化的动机、速度与模式等各个方面都很难在现有的西方理论框架中得到完全的解释，深入研究中国企业国际化的发展道路显得尤其迫切。

作为国际商务专业的研究方向之一，中国公司国际化主要研究的是中国跨国企业如何进行战略选择以及在发展道路上如何消除困难并成功地立足于海外市场。

基于现有的研究成果并结合我国国际商务的发展实践，我们总结了国际商务的八个主要研究内容。当然，国际商务的研究还涉及其他一些内容，本书不再一一列举。

二、国际商务学科的发展概况

（一）国外国际商务学科的发展概况

设置“国际商务”学科的重要性，最早为欧美国家的商学院（有的也开设在管理学院）所认识。这里，我们主要以美国大学商学院国际商务专业的教育状况，来概括与反映国外国际商务教育的现状。

据统计，美国现有 1 553 所商学院，其中 554 所商学院拥有国际商务专业（方向），而开设国际商务课程的商学院，数量则更大。在 554 所拥有国际商务专业的商学院中，有 225 所的国际商务专业（方向），不但有本科层次，还有研究生 / MBA 层次，甚至还设有博士学位层次，足见其对国际商务专业的重视程度。需要说明的是，美国商学院的国际商务专业在名称上并不统一。例如，宾夕法尼亚大学沃顿商学院的“国际商务”，是“亨茨曼国际研究与商务”（Huntsman Program in International Studies and Business），还有一批“国际商务”专业（方向）名为“国际管理”（International Management）或“全球管理”（Global Management）、“全球商务与管理”（Global Business & Management），等等。不过，大多数都还是以“国际商务”（International Business）命名。一般来说，“国际商务”与“国际管理”，仍然存在一些区别。第一，在学科侧重点上，“国际商务”更注重学生对国际经济和政治法律层面的了解，而“国际管理”则更关心国际文化差异。第二，在教育内容上，国际商务一般包括国际经济环境、国际政治与法律环境、国际贸易理论、国际货币理论、FDI、国际收支平衡与外汇、贸易障碍与地区经济一体化、金融与市场营销等方面的内容；而“国际管理”专业则更重视国际文化差异，国际交流，国际谈判，国别商务实践与惯例差异，国际企业的组织，国际企业的人力资源管理，企业伦理与社会责任，跨文化领导艺术与激励、变革管理等方面的内容。

在我们看来，这两者的区别其实在于培养目标的差异。国际商务培养的学生，主要是专业地从事具体国际商务与经营活动的人，属于典型的“外向型人才”。而国际管理则更多地立足于培养国际企业，包括跨国公司的内部管理人员，似乎更偏向于“内勤人才”。与此相应，美国商学院国际商务专业在专业课程设置中一般注重经济学、管理学、领导学、战略学、国际贸易理论、国际金融理论、国际直接投资、外汇交易、国际金融和国际市场营销这类课程；而国际管理专业则重视跨国文化分析、国际交流、国际谈判、各国商务政策、国际商务组织形式、跨文化管理等方面的课程。

（二）我国国际商务学科的发展概况

我国国际商务专业发展起步较晚。2004 年，我国开设第一批国际商务本科专业；2008 年，我国开设第一批国际商务科学学位硕士专业；2009 年我国开设第一批国际商务博士专业；2011 年我国开设第一批国际商务专业硕士（master of international business，MIB）学位。截至 2017 年，全国共有 93 所高校开设国际商务本科专业，

5 所高校开设国际商务科学学位硕士专业，2 所高校开设国际商务博士专业；全国共有 94 所高校开设国际商务专业硕士学位。不难看出，相对于国际经济与贸易专业（本科：549；硕士：120；博士：26），国际商务专业无论从开设院校数量，还是从招生规模和开设层次上都有明显的差距。全国同时开设国际商务本—硕—博三个完整层面的院校只有两所（西南财经大学、暨南大学）。但是，国际商务作为一个朝阳专业，越来越受到高校和社会的重视，特别是 2013 年，国际商务专业正式进入教育部本科招生的表内目录后，其开设数量和增速都显著提高。从表 1-1 不难看出，近年来国际商务专业开设数量成倍增长，特别是刚刚成为教育部表内专业的第二年（2014 年），增速达到了 45%。可以预见，国际商务专业无论从开设数量还是从教育质量上都将伴随着我国“一带一路”倡议持续提升。

表 1-1 2012 ～ 2017 我国国际商务本科专业开设数

年份	开设数量（所）	增速（%）
2012	33	—
2013	38	15
2014	55	45
2015	67	22
2016	86	28
2017	93	8

资料来源：中国科教评价网，http://www.nseac.com/eva/CUSE.php?DDLThird= 国际商务 & DDLyear=2016#，登录时间 24 / 08 / 2017。

（三）国际商务与国际贸易的学科联系与区别

国际商务同国际贸易一样，是研究国际经济商业活动的学科。两个学科分别在国际和国内拥有广阔的“市场”。在国内，国际贸易专业可谓是遍布绝大多数重点高校；而在国外，一般属于商学院的国际商务专业同样也相当普遍。但是同时，国际贸易专业在国际上却并不流行，国外的国际贸易只是经济学科下的一个研究方向，无法谈及它是一个学科或一个专业。而在国内，国际商务专业也不大被人了解，似乎人们也习惯于使用“国际贸易”来泛指所有涉及国际商业活动的学问与知识。因此这两个学科名称在国外和国内都具备用来泛指的功能，这是它们经常被混淆的一个重要原因。为了让我国国际商务专业的学生和家长们比较清晰地了解两者的区别和联系，我们在此简要对国际商务与国际贸易的学科联系与区别进行分析。

由于国际商务学科与国际贸易学科的研究对象有相当多的交叉，因此两个学科需要具备比较类似的背景知识和技能，比如一两门熟练的外语、相应的经济学和

（或）管理学知识以及涉外知识。但是，两个学科在研究目标、研究对象、研究范式和研究方法上还是有明显差异的（王珏、逯建、姜玉梅，2016）。

1. 研究目标的差异

国际商务学科与国际贸易学科的研究对象虽有很多的相似之处，但它们毕竟分别属于工商管理和应用经济学两大一级学科。受两大学科分类初衷的影响，国际商务学科的研究目标自然会与国际贸易学科有着明显的差异。国际商务学科的建设和发展目的就是为从事国际商务活动的企业提供人才、理论知识和咨询建议，因此学科培养的侧重点在于微观企业的应用性人才，换句话说就是为跨国公司，特别是中国企业国际化培养经营与管理的专业人才；而国际贸易学科的研究角度则比较宏观，它更多的是通过对统计数据的分析，得到有关某国和某地区的贸易形势的结论，用以为相关的政府部门出台经济政策提供依据。也就是说，国际商务主要研究的是跨国企业，它的直接服务对象是跨国公司。虽然近年来，也有一些学者用经济学的方法在企业层面上研究国际贸易，但是其主要研究的还是国家、地区和不同行业间的贸易行为，它的主要直接服务对象是政府。当然，两个学科也会对其他服务对象产生间接的贡献，但两个学科的基本差异应该导致了研究目标层面上的一个基本区别。

2. 研究对象的差异

尽管国际商务学科与国际贸易学科的研究对象有很多重合之处，但二者还是有着很多的不同。从经济学的角度来看，国际贸易学科与国际金融（国际宏观经济学）学科共同构成了国际经济学，它因局部的、静态的微观分析方法而与国际金融学科相区别。由此，凡使用微观分析方法的国际经济问题研究都被划入了“国际贸易”的名目之下。国际商务的名称倒是能够完整地覆盖其所有的研究内容，国际企业战略与组织结构、国际商务运营、国际直接投资、国际人力资源管理、国际市场营销和跨文化沟通等都属于国际商务学科研究的重要内容。不过，国际商务似乎对纯粹的国际贸易并不感兴趣。相关的重要期刊中也很少见到有关国际贸易的文章，究其原因，国际贸易一般要按照规定照章办事，较少需要涉及管理知识可能是一个有力解释。国际商务中的贸易研究更多运用了市场营销的知识。因此，若一篇论文研究的是国际贸易问题，它属于哪个学科并不难以判断，但如果论文研究的是国际投资问题，它属于哪个学科则需要根据研究目的、研究范式和研究方法进行综合判断。由此可见，国际投资和国际经济合作等是国际商务和国际贸易学科共同的研究领域，但两个学科各有各自特有的研究领域。国际商务的主要对象是跨国公司的各种管理问题，由此产生了一系列经济学无法涉及的管理学话题；而国际贸易的研究对象主要是国家、地区和各行业之间的贸易与投资行为。

3. 研究范式的差异

国际贸易一般使用理论与实证分析两种方法。实证分析一般是根据现有的数据，特别是二手统计数据，通过计量和统计学的方法对数据进行处理，它得到的一般就是对现实情况的描述并可据此进行相应的政策干预。而理论研究则比实证分析抽象一些，通过对经济学基本原理的推理演绎，得到对某一问题理论上的推测。与国际贸易相比，国际商务并不会将实证数据的结果上升到抽象的数理理论的层面，它更看重的是如何能拓宽现有理论的维度。国际商务学科中其实也有若干支撑学科发展的独特理论，如内部化理论、国际生产折衷理论、社会网络理论、资源基础理论、制度理论和吸收能力理论等，这些理论共同撑起了国际商务学科的核心内容，只不过国际商务学科并不以公理—定理—命题的格式来书写它们。国际商务学科更习惯使用定量与定性来对研究论文进行区分。正如上文论述的那样，定性研究的意义在于提出问题，激发研究的兴趣；定量研究在于得到更精准的研究结论。在国际商务的研究中，理论鲜有通过数学方程的复杂推导提出，而是根据大家都普遍接受的理论进行文字式的逻辑推理，推理得到的结果用“假设”的格式写出。虽然国际商务极少使用数学公式进行理论推理，但这种文字式的推理的难度其实一点不比数学推理低。首先，推理需要建立在对已有文献批判性的综述之上，所有的推理必须有根有据；其次，假设的提出必须有新意，重复和啰唆的假设并不能引起大家的注意。因此，文献综述、逻辑推理和理论创新中的任意一个把握不好，都没有办法在国际商务全球权威期刊上发表论文。当然，国际商务的实证研究与国际贸易相比并不那么复杂，但其实证研究也有它特有的范式，这点会在实证方法中统一讨论。

4. 实证方法的差异

国际贸易学的实证研究以使用二手数据的定量研究为主。现在已经步入了大数据的时代，随着企业层面和交易层面数据的大规模使用，国际贸易学的实证数据量动辄就会达到上亿个。国际商务学的实证研究则更加多元化，既有基于二手数据的定量分析，又有基于一手数据（如问卷调查）的定量研究。近年来，受我国二手数据可信度问题及二手数据变量相对有限等影响，国际商务学者更加偏爱使用自己或委托他人发放问卷进行调查而得到的一手数据。一手数据能够根据研究者的关切进行设计，若被调查者能有一定程度的配合，就可以对一些足够新的假设进行验证。

当然，国际商务权威期刊在针对使用一手数据进行实证分析的论文的评审上，对数据信度效度、共同测量偏差等保证数据具有代表性和可信性的审核也越来越严谨，甚至是到了严苛的程度。与此同时，不同于国际贸易学，使用案例和访谈方法的定性研究也是国际商务的另一主流研究方式。定性研究虽然不能得出具有普遍意义的结论，但是对于一些探索性和开创性的研究往往具有很好的特别是比较深入的研究效果，也能为未来的定量分析提供必要的基础（Yin，2003）。特别是在国际商务研究中的相对微观层面，如团队层面和个体层面，定性研究则更加流行。不过，从目前来看，定性研究在权威期刊的论文发表比例还远远不如定量研究，单一案例或案例样本量小于 20 的定性研究论文往往也很难被接收。

综上所述，我们认为，研究目标的不同是国际商务学科与国际贸易学科的主要区别。由于国际商务与国际贸易分属两大学科，因此难免会带入两大学科不同的研究习惯。两大学科还因研究问题和数据材料的限制，在研究对象、研究范式和实证方法上有所不同。它们的差异并不是一方包含另一方的关系，而是彼此有所交叉却又有着自己的特殊之处。这些差异充分说明了两个学科存在着比较明确的界限，想要凭借主观臆断矮化乃至忽视另一学科的存在是违背规律的、无法实现的。两个学科差异的存在是十分正常的，它们之间相互的补充能为我们提供更多的审视问题的视角。事实上，在面对现实的国际商业问题时，同时具备国际贸易和国际商务的知识是必要的，这可以使人同时了解宏观社会与企业微观管理。只有政策上做到知此知彼，才能在商战角度上立于不败之地。同样，政策制定者若知道企业管理者的所思所想，也会对他们的政策制定提供相当多的参考（王珏、逯建、姜玉梅，2016）。

三、本章小结

党的十九大报告中对于我国外贸格局定位是：“开放型经济新体制逐步健全，对外贸易、对外投资、外汇储备稳居世界前列。”在此基础上，报告强调要“推动形成全面开放新格局”。随着我国国际化的不断加深，以培养跨国公司经营与管理人才、中国对外投资专业人才为己任的国际商务学科作为一个新兴的朝阳学科将持续高速发展的势头，但我们对国际商务这一学科还缺乏清晰的认知。本章通过对国际商务的基本内涵、研究内容、学科内涵、学科发展情况的介绍及其与国际贸易学科之间的比较的介绍，使读者能比较清晰地把握国际商务学科的内涵与边界，更清晰地了解国际商务学科的研究内容。

参考文献

[1] John D Daniels, Lee H Radebaugh, Daniel P Sullivan. International Business[M]. 12th ed. New Jersey: Pearson Education International, 2009.

[2] Ricky W Griffin, Michael W Pustay. International Business[M]. 5th ed. New Jersey: Pearson Prentice Hall, 2007.

[3] UNCTAD. World Investment Report 2017: Investment and the digital economy [M]. United Nations Publication, 2017.

[4] R Yin. Case Study Research: Design and Methods[M]. 3rd ed. Thousand Oaks, CA: Sage, 2003.

[5] 查尔斯·希尔 . 国际商务（原书第 7 版）[M]. 周健临，改编 . 北京 ：中国人民大学出版社，2009.

[6] 王珏，逯建，姜玉梅 . 国际商务学科内涵与相关的国际学术资源评述 [J]. 国际商务研究，2016（5）：5-16.

[7] 薛求知，刘子馨 . 国际商务管理 [M]. 上海：复旦大学出版社，1995.

[8] 杨雪锋 .“一带一路”倡议为全球化指明新方向注入新内涵 [OL]. 2017-5-19 [2018-2-05]. http://theory.people.com.cn/n1/2017/0519/c148980-29286269.html.

C H A P T E R 2

第二章

国际商务领域学术期刊、学会及研究中心介绍

国际商务活动自有了国界以来就已出现，其源头甚至可上溯到罗马帝国时代。国际商务活动对今天的世界政治经济格局的形成发挥了重要的作用。国际商务专业自从 2004 年首次在我国开始招收本科生以来，已经经历了 10 多年的发展。这 10 多年来，国际商务作为工商管理下的二级学科无论在招生规模、招生层次、学科发展、社会影响力等方面都得到了积极和快速的发展。然而，相对于国际贸易学科大家耳熟能详的 AER、JIE、JDE、《经济研究》《世界经济》等学术期刊，国内广大读者对于国际商务的学术期刊、学术资源等都普遍缺乏了解，甚至将国际商务的学术资源等同于国际贸易的学术资源。本章将从国际商务的权威期刊、国际商务研究学会、国际商务著名研究中心等方面将国际商务作为一个独立完整的学科的学术资源来介绍，希望对于广大读者在进行国际商务研究时有一定的参考作用。

一、国际商务领域学术期刊简介

（一）国际学术期刊简介

Dubois 和 Reeb（2000）基于论文，引述分析报告客观地评价了国际商务期刊的质量。通过综合分析，他们认为在国际商务领域有 6 本权威学术期刊，分别是：

Journal of International Business Studies（JIBS），*Journal of World Business*（JWB），*International Business Review*（IBR），*Management International Review*（MIR），*International Marketing Review*（IMR），*Journal of International Marketing*（JIM）。其中，IMR 和 JIM 虽然也有一些针对国际商务问题的讨论。但是，这两本期刊主要还是以市场营销为主要研究内容。因此，本书接下来的篇幅将不再具体介绍这两本期刊。

1. *Journal of International Business Studies*

Journal of International Business Studies 于 1970 年创刊，是国际商务学会（The Academy of International Business，AIB）的官方刊物，由英国 Palgrave Macmillan 出版公司出版，是全球学者公认的国际商务研究领域第一期刊。JIBS 是“双盲审阅”（匿名评审审阅匿名文章）刊物，经同行评议为全球国际商务研究领域的顶尖期刊（排名第一），其发布的学术论文涉及国际商务的所有领域，每年出版 9 期，现任主编是加拿大卡尔加里大学（University of Calgary）的阿兰・韦贝克（Alain Verbeke）教授。

JIBS 在 2016 年的影响因子为 5.869，5 年平均影响因子 7.433。在 SSCI 商学类排名 8/194，管理学类 17/185，在英国 ABS 期刊分类中属于 4 星级期刊，并且是唯一一本同时入选 UT–Dallas 24 和 Financial Times 50 目录的国际商务领域期刊（Thomson Reuters，2017）。

2. *Journal of World Business*

Journal of World Business，原名 *The Columbia Journal of World Business*，最早由美国哥伦比亚大学于 1965 年创刊，荷兰 Elsevier 出版公司出版。JWB 主要刊登全球商业活动研究中不同领域的学术论文。其征稿领域包括：商业战略、全球领导力、人力资源管理、社会责任、企业道德、可持续性发展，以及管理和企业家精神。JWB 每年出版 4 期。现任主编是美国维拉诺瓦大学（Villanova University）的乔纳森（Jonathan Doh）教授。

JWB 在 2016 年的影响因子为 3.758，5 年平均影响因子 4.541。在 SSCI 商学类排名 22/121，在英国 ABS 期刊分类中属于 4 星级期刊（Thomson Reuters，2017）。

3. *International Business Review*

International Business Review 是欧洲国际商务学会（European International Business Academy，EIBA）的官方刊物，由荷兰 Elsevier 出版公司出版。IBR 刊登的学术论文主要包括：针对实践应用的实证研究、国际商务领域的理论和方法论的发展、国际商

务的文献综述、跨国公司经营与管理等涉及国际商务的几乎所有研究领域。IBR 每年出版 6 期，现任主编为英国伯明翰大学（University of Birmingham）的高里（Ghauri）教授。

IBR 在 2016 年的影响因子为 2.476，5 年平均影响因子 3.095。在 SSCI 商学类排名 46/121，在英国 ABS 期刊分类中属于 3 星级期刊（Thomson Reuters，2017）。

4. *Management International Review*

Management International Review 创刊于 1960 年，是一本“双盲审阅”刊物，由德国 Springer-Verlag 出版社出版，每年出版 6 期。该刊物涉及的领域有国际商务、跨文化管理、比较管理等。现任主编为德国基尔大学（Kiel University）的乔基姆·沃尔夫（Joachim Wolf）教授。

MIR 在 2016 年的影响因子为 1.516，5 年平均影响因子 2.732，在 SSCI 管理学类排名 107/194，在英国 ABS 期刊分类中属于 3 星级期刊（Thomson Reuters，2017）。

以上我们主要介绍了国际商务国际权威的 4 本专业期刊，当然，国际商务研究领域的学术论文除了集中发表在这 4 本专业期刊上以外，还广泛地发表于 SSCI 管理类、商学类、商学与金融类、经济类的期刊当中，比如 *American Management Journal*，*Strategic Management Journal*，*Journal of Management*，*Journal of Management Studies*，*Journal of Business Research*，*Journal of International Economics*，*World Development*，*World Economy* 等，这里就不再一一列举。

（二）国际商务专刊简介

学术专刊，英文叫作 special issue，通常针对的是该期刊所覆盖的研究领域中的一个主题，特别是近期学界热议的主题集中出版一期的论文。这种专刊不同于我国期刊所谓的增刊，它的地位和正刊相同。专刊征稿公告一般都是提前 1 ～ 2 年提交期刊编辑部评审，经过严格的筛选后正式对外公布。专刊就某一问题向全球征稿，带有指导性，录用的论文都是优中选优，审稿比正常的正刊更加严格，录用率也相对正刊更低。国际商务领域的期刊往往也会不定期出版专刊，对于国际商务学者和学生来说，定期跟踪国际商务领域出版的专刊，有利于更好地跟踪和了解国际商务学术的最新动态和热点议题。

表 2-1 整理了 2015 ～ 2017 年三年国际商务四大期刊出版的专刊情况。可以看出，有的专刊是专门针对国家或地区的国际商务话题讨论的，比如 JWB2017 年关于拉丁美洲企业国际化的专刊，MIR2015 年关于印度全球竞争力的讨论；也有对于期

刊创刊的纪念专刊，比如JWB2016年出版的JWB创刊50周年的纪念专刊。当然，从表2-1中可以看出，更多的专刊还是关于国际商务领域的重点热点研究问题的主题讨论。从专刊出版时间上看，其出版是不定期的，有的一年出版两期，有的一年出版一期，如果没有征集到高质量的专刊主题公告，有时也会不出版，比如IBR近三年就没有出版专刊。

表2-1 2015～2017年国际商务四大期刊专刊主题出版情况

年份	JIBS	JWB	IBR	MIR
2015	What Is Culture and How Do We Measure It?	—	—	Leveraging India: Strategies For Global Competitiveness
2016	Internationalization in the Information Age	The World of Global Business 1965～2015 Perspectives on the 50th Anniversary Issue of the Journal of World Business	—	About Time: Putting Process Back into Firm Internationalization Research Leveraging Values in Global Organizations
2017	International Business Responses to Institutional Voids The Role of Financial and Legal Institutions in International Corporate Governance	Multilatinas and the internationalization of Latin American firms	—	—

资料来源：根据四大期刊网站对外公布的专刊汇总整理。

（三）我国学术期刊简介

在中国国内的学术期刊中，很少有国际商务领域的专门学术期刊。虽然《国际商务》（对外经济贸易大学创办）、《国际商务研究》（上海对外经贸大学创办）这两本期刊都名为“国际商务”，但是这两本期刊上发表的还是以国际经济、国际贸易的文章为主，偏重管理学方法研究国际商务问题的文章并不是太多。国内研究国际商务问题的高质量论文发表比较分散，多数发表在经济学、管理学类的大学科学术期刊上，如《管理世界》《南开管理评论》《国际贸易问题》等。

因此，我们中国国际商务学人有义务和使命共同努力，争取将《国际商务》《国际商务研究》打造成我们的学术高地，提高其在国内外国际商务学界的影响力和知名度。

二、国际商务学会

1. 关于AIB

国际商务学会是由国际商务领域中的学者和专家组成的顶级学术研究协会。学会于1959年在美国建立。时至今日，AIB已拥有了3 134名成员，分布在世界87个国家中。成员包括顶级的学术机构学者、咨询师以及研究人员。AIB是一个顶级的环球社区，它致力于促进国际商务和政策问题的研究，激发国际商务学者的创造力和促进相关知识的传播。AIB通过跨越单一学科的界限与管理范式来强化国际商务的教育和实践（AIB，2017）。

AIB的宗旨正如其章程所阐释的：致力于繁荣国际商务领域的教育和建立先进的专业标准。具体包括以下几点：

（1）促进关注国际商务领域的学者、商人、政府专家的便利化交流；

（2）鼓励开展学术研究活动以促进国际商务前沿研究的发展，扩展和充实主流国际商务教学资源；

（3）尽可能地与政府、商业机构、学术组织合作以不断深化AIB的国际化目标。

2. AIB的学术出版及年会

AIB按照固定的时间出版以下刊物：

（1）JIBS——学术刊物，一年出版九期；

（2）JIBS Books Reviews——在线书评，由JIBS书评编辑发布；

（3）AIB Insights——一年出版四次；

（4）会议进程——一年出版一次。

AIB每年夏天（6～7月）都会在世界范围内预先选定的地点召开年会。年会一般由全体大会（主题会议）、分会场会议，以及论文展示组成。所有在AIB会议上宣讲的论文都会经过双盲审阅，所提交的论文摘要会被作为会议进程的一部分出版。表2-2列举了近10年AIB年会的相关信息供读者参考，通过近10年年会的主题，我们也可以大致了解国际商务近10年的发展趋势和研究热点。可以看出，10年间，7年的年会都是在美国以外的其他国家召开的，其中不乏印度、土耳其、巴西等发展中国家，2006年的年会也曾在中国北京召开。

表2-2 2008～2017年AIB年会信息一览表

年份	日期	主办地	承办单位	会议主题
2008	6月30日～7月3日	米兰，意大利	Universitá Bocconi	Knowledge development and exchange in international business networks
2009	6月27～30日	圣迭戈，美国	San Diego State University	Is the world flat or spiky? Implications for global strategies

（续）

年份	日期	主办地	承办单位	会议主题
2010	6月25～29日	里约热内卢，巴西	University of São Paulo	International business in tuff times
2011	6月24～28日	名古屋，日本	Nanzan University	International Business for sustainable world development
2012	6月30～7月3日	华盛顿，美国	George Washington University, University of Maryland	Rethinking the roles of business, governments and NGOs in the global economy
2013	7月3～6日	伊斯坦布尔，土耳其	Sabanci University, Koç University, and Özyeğin University	Bridging the divide: linking IB with complementary disciplines and practice
2014	6月23～26日	温哥华，加拿大	Simon Fraser University	Where International Business Ideas Grow?
2015	6月27～30日	班加罗尔，印度	Indian Institute of Management	Global Networks: Organizations and People
2016	6月27～30日	新奥尔良，美国	Academy of International Business	The Locus of Global Innovation
2017	7月2～5日	迪拜，阿联酋	The Mohammed Bin Rashid School of Government	The contribution of MNEs to building sustainable societies

资料来源：https://www.aib.msu.edu/events/。

3. AIB的学术奖项

AIB 在赞助商的大力支持下每年提供若干奖项。下面简单介绍一下 AIB 的主要奖项设置情况，供广大读者参考。

（1）AIB 年度国际经理奖（AIB Fellows' International Executive of the Year）。

获奖者由 AIB 会员选出，该奖项表彰那些为促进国际商务地位和国际商务环境的改善做出重要贡献的商业领导者。

（2）AIB 年度国际教育者奖（AIB Fellows' International Educator of the Year）。

获奖者由 AIB 会员选出，该奖项奖励做出以下贡献的院长和其他教育管理者、领导者：开发或促进了优质国际商务项目的开展；聘用或支持了国际商务的学者的教学科研活动；为学生提供了特别的课程学习、实习和海外学习机会。这个奖项过去被称为“年度教务长奖”；2008 年开始，更名为“AIB 年度国际教育者奖”。

（3）AIB 杰出学者奖（AIB Fellows' Eminent Scholar Award）。

获奖者由 AIB 会员选出，该奖项表彰在国际商务研究领域做出突出贡献的学者。奖项不限具体学科，不限 AIB 成员。只要通过新概念、理论或者实证分析对国际商务研究产生了重要影响的学者均有机会获此奖项。表 2-3 列出了近 10 年 AIB 杰出学者奖的相关信息，供读者参考。

表 2-3 2008～2017 年 AIB 杰出学者奖信息一览表

年份	获奖人	机构
2008	Ronald P. Dore	London School of Economics
2009	空缺	
2010	空缺	
2011	Richard R. Nelson	Columbia University
2012	Ikujiro Nonaka	Hitotsubashi University
2013	David Teece	University of California-Berkeley
2014	Richard P. Rumelt	University of California，Los Angeles
2015	W. Richard Scott	Stanford University
2016	Kathleen Eisenhardt	Stanford University
2017	Dani Rodrik	Harvard University

资料来源：https://www.aib.msu.edu/events/2017/AwardRecipients.asp。

（4）约翰·邓宁主席奖（John H. Dunning President's Award）。

这个奖项最初被称为“AIB 服务奖”。后被称为“AIB 主席奖”。设置该奖项主要是为了表彰对 AIB 或国际商务领域做出突出服务贡献的人士。在 2008 年的 4 月 6 日，AIB 执行委员会通过了一项决议对此奖重新以约翰·邓宁（John H. Dunning）命名，以表彰其在国际商务领域非凡的职业生涯和其对 AIB 做出的突出贡献。

（5）JIBS 十年奖（JIBS Decade Award）。

JIBS 十年奖在 1996 年设立，用于表彰过去十年 JIBS 杂志最具影响力的文章。在 2003 年，Palgrave Macmillan 成了 JIBS 的出版商，同时开始赞助此奖项。在 2009 年，作为 JIBS 杂志四十周年庆典的一部分，JIBS 的编辑对 1970～1985 年在 JIBS 上发表的文章提出奖项。表 2-4 列出了近 10 年 JIBS 十年奖的相关信息，供读者参考。特别强调的是，来自美国达拉斯得州大学彭维刚教授在 2015 年获奖，是首位获此殊荣的华裔学者。

表 2-4 2008～2017 年 JIBS 十年奖信息一览表

年份	获奖人	研究成果题目
2008	John Dunning	Location and the Multinational Enterprise: A Neglected Factor
2009	Henrik Bresman，Julian Birkinshaw and Robert Nobel	Knowledge Transfer in International Acquisitions
2010	Jeffrey H. Dyer and Wujin Chu	The Determinants of Trust in Supplier-Automaker Relationships in the U.S.，Japan and Korea
2011	Oded Shenkar	Cultural distance revisited: Towards a more rigorous conceptualization and measurement of cultural differences

（续）

年份	获奖人	研究成果题目
2012	Keith D. Brouthers	Institutional，Cultural and Transaction Cost Influences on Entry Mode Choice and Performance
2013	Dana Minbaeva，Torben Pedersen，Ingmar Björkman，Carl Fey & Hyeon Park	MNC Knowledge Transfer，Subsidiary Absorptive Capacity，and HRM
2014	Gary Knight and S. Tamer Cavusgil	Innovation，Organizational Capabilities，and the Born-Global Firm
2015	Klaus Meyer and Mike Peng	Probing Theoretically into Central and Eastern Europe: Transactions，Resources，and Institutions
2016	Bradley L. Kirkman，Kevin B. Lowe and Cristina B. Gibson	A Quarter Century of Culture's Consequences: A Review of Empirical Research Incorporating Hofstede's Cultural "Values Framework"
2017	Peter J. Buckley，L. Jeremy Clegg，Adam R. Cross，Xin Liu，Hinrich Voss and Ping Zheng	The determinants of Chinese outward foreign direct investment

资料来源：https://www.aib.msu.edu/events/2017/AwardRecipients.asp。

（6）Temple / AIB 最佳论文奖（Temple/AIB Best Paper Award）。

2002 年，天普大学的福克斯商学院开始为 AIB 年会的最佳论文提供赞助。所有被 AIB 年会接收的论文都会经过双盲审阅，择优选取。最终入围者由项目主席、追踪主席和评审者题名。最佳论文奖委员会对最终入围的论文进行评审，选出优胜者。在 AIB 的年会颁奖典礼上，胜出的论文将获得一个牌匾和一份学者奖金。表 2-5 列出了近 10 年 Temple/AIB 最佳论文奖的相关信息，供读者参考。

表 2-5　2008 ～ 2017 年 Temple/AIB 最佳论文奖信息一览表

年份	获奖者	获奖成果题目
2008	Ishtiaq Pasha Mahmood & Hongjin Zhu & Aks Zaheer	The Contingent Role of Network Hierarchy on Firm Performance
2009	Tieying Yu & Mohan Subramaniam & Albert A. Cannella	Competing Globally，Allying Locally: Host Country Factors and Alliances between Global Rivals
2010	Martine Haas & Jonathon Cummings	Which Differences Matter Most in Transnational Teams? Cultural，Geographic，Demographic，and Structural Barriers to Knowledge Seeking
2011	Dirk Michael Boehe	Collaborate at Home to Win Abroad: How does Access to Local Network Resources Influence Export Behavior?
2012	Sokol Celo & Aya Chacar	Country Relatedness and International Coherence
2013	Kai Xu & Lorraine Eden	Institutional Distance，Direction and Complementarity: Impacts on the Mode of Entry Decision
2014	Ajai Gaur，Yong Yang，and Deeksha Singh	Strategic Location in the Global Value Chain and Foreign Subsidiary Performance: Evidence from 105 Countries
2015	Stephan Manning and Marcus M. Larsen	Does Institutional Distance Still Matter? Industry Standards and Global Sourcing Location Choices
2016	Exequiel Hernandez and Elena Kulchina	Immigrants and Firm Performance: Effects on Foreign Subsidiaries versus Foreign Entrepreneurial Firms

（续）

年份	获奖者	获奖成果题目
2017	Vittoria G. Scalera，Samuele Murtinu，and Roger Strange	Sovereign Wealth Funds' International Investments: The Role of Politicization and Bilateral Relations

资料来源：https://www.aib.msu.edu/events/2017/AwardRecipients.asp。

（7）Haynes 最有潜力学者奖（Haynes Prize for the Most Promising Scholar（s））。

AIB 基金会和埃尔德里奇·海恩斯（Haynes）纪念信托基金设立海恩斯最有潜力学者奖。AIB 会议入围获胜论文必须经过双盲审阅，且作者年龄必须小于 40 周岁。获胜者由 AIB 最佳论文选举委员会选出。

（8）彼得·巴克利和马克·卡森 AIB 最佳博士论文奖（Peter J. Buckley and Mark Casson AIB Dissertation Award）。

AIB 论文奖沿袭了前任会长，印第安纳大学的理查德·法玛（Richard Farmer）教授出于对国际商务学术发展环境考虑的传统。2013 年，新的赞助者为了表彰彼得·巴克利（Peter J.Buckley）和马克·卡森（Mark Casson）在 1976 年创造及发展了解释跨国公司成因的内部化理论的开创性贡献，并在一系列的研究中，将内部化理论进行应用，对其他国际商务模式（例如国际合资企业、许可证经营、离岸组装以及世界工厂）进行了解释。因此从 2013 年起，AIB 论文奖更名为彼得·巴克利和马克·卡森 AIB 最佳博士论文奖，旨在表彰国际商务领域优秀的博士论文。所有的入围者都会收到一份游学奖学金。

（9）法玛毕业论文奖（Farmer Dissertation Award）。

理查德·法玛在印第安纳大学凯莉商学院执教 22 年，是一位享誉世界的学者和多产作家。他被认为是美国国际商务领域的创始人，并于 1977 ～ 1978 年就任 AIB 会长。1987 年，在他去世之后，毕业论文奖就以他的名字命名。在最初的赞助用尽之后，AIB 于 2012 年以他的名字继续颁发此奖。此奖是在 2011 年得到了印第安纳大学国际商务教育中心和 2012 年密歇根州立大学国际商务教育研究学院的资金支持后才得以持续的。

（10）AIB/Sheth 博士论文研究计划奖（AIB/Sheth Dissertation Proposal Award）。

由玛德胡瑞（Madhuri）和杰格迪什·谢斯（Jagdish N.Sheth）慈善基金赞助，Sheth/AIB 博士论文研究计划奖奖金奖励最佳博士论文计划。最佳论文计划在 AIB 博士联合会期间选出。胜者将获得奖状和一份学者奖金以帮助其完成论文研究。谢斯基金会在 2008 年开始赞助博士联合会和此奖项。2005 ～ 2007 年，联合会和奖项都是由 SAMS 赞助的。

三、国际商务全球著名研究中心

全球有很多高校和研究机构都设立有国际商务研究中心，我们重点介绍一下其中两家影响力最大的研究中心，它们是英国利兹大学国际商务研究中心（Center for International Business，CIBUL）和美国哥伦比亚可持续投资研究中心（The Columbia Center on Sustainable Investment，CCSI）。

（一）英国利兹大学国际商务研究中心

CIBUL 是全球最知名的国际商务研究中心之一，由国际商务“内部化理论”创始人彼得·巴克利教授于 1995 年创立，官方网站为 https://business.leeds.ac.uk/research-and-innovation/research-centres/cibul/。CIBUL 现已与全球许多商务部门、跨国公司建立了合作关系，在不断产出高质量学术论文的同时，不断为国际组织、各国商务部门和跨国公司提供政策咨询和战略决策报告。CIBUL 的主要研究领域包括：跨国公司理论、国际商务活动的冲突和诉讼、新兴经济体（特别是中国和印度）的国际直接投资、国际化战略与企业竞争力、跨文化管理与语言、国际企业的公司治理、全球创新及国际商务研究中的方法论。

（二）美国哥伦比亚可持续投资研究中心

CCSI 的前身是维尔哥伦比亚可持续投资研究中心（The Vale Columbia Center on Sustainable International Investment ，VCC），由哥伦比亚大学法学院和哥伦比亚大学地球研究所共同于 2008 年建立，官方网站为 http://ccsi.columbia.edu/。CCSI 是一家独立的非营利性研究机构，旨在为国际组织、政府和投资者提供高质量的可持续发展的国际投资咨询、战略决策和研究报告。成立以来，CCSI 充分整合来自法律、经济、管理和政策等方面的专家学者资源，搭建投资保护与法律、自然资源管理、人权、经济、政治经济、企业管理和环境管理等方面的研究平台，不断提供研究论文、政策咨询、战略决策服务、投资报告与教育项目等高质量的服务。其中，定期（双周刊）发布的《哥伦比亚国际直接投资透视》（*Columbia FDI Perspectives*）是全球最有影响力的国际投资研究报告之一。

四、本章小结

随着中国企业国际化的不断深化，对国际商务、跨国公司的研究正成为经济管理研究的热点和重点；加强国际商务专业的建设，同时具有理论和操作层面的双重意义。在当前我国的国际商务学科还正在起步阶段，全国设立国际商务专业的学校还不是很多，相关的硕士点和博士点也并不是很多，学界和业界对于国际商务作为一个独立完整学科的学术资源还缺乏了解。本章通过对国际商务国内外学术期刊、学术协会、著名研究中心等学术资源的简要介绍，让广大国际商务专业的学生能相对快速有效地掌握国际商务的最新学术动态及学术交流信息。

参考文献

[1] Academy of International Business（AIB）, 2015, http://aib.msu.edu/, 登录日期 08/28/2017.

[2] Frank L Bois, David M Reeb. Ranking the International Business Journals[J]. Journal of International Business Studies, 2000（31）: 689-704.

[3] IBR, 2017, http://www.journals.elsevier.com/international-business-review/, 登录日期 08/28/2017

[4] JIBS, 2017, http://aib.msu.edu/jibs/, 登录日期 08/28/2017.

[5] JWB, 2017, http://www.journals.elsevier.com/journal-of-world-business, 登录日期 08/28/2017.

[6] MIR, 2017, http://link.springer.com/journal/11575#, 登录日期 08/28/2017.

[7] Thomson Reuters, 2017, http://webofknowledge.com/, 登录日期 09/02/2017.

C H A P T E R 3

第三章

国际商务理论50年的发展演进

经过 50 年的不断发展，国际商务目前已经成为一个研究目标明确，具有自己相对固定和科学的研究内容和研究方法的学科。在过去的 50 年间，国际商务研究经历了三个阶段，发生了两次比较重要的转变。第一阶段是 20 世纪 60 年代，国际商务研究主要以国家层面的竞争力为主要内容，运用国家层面的统计数据，研究国际贸易和对外直接投资的总体状况；第二阶段是 20 世纪七八十年代，国际商务研究转移到跨国公司和跨国公司母公司及其企业特定优势上；第三阶段是 20 世纪 90 年代，国际商务研究开始将跨国公司作为一个全球网络进行讨论，同时跨国公司在全球范围内的子公司和分支机构也成为国际商务的独立研究对象（Rugman et al，2011）。

一、国际商务研究发展的三个阶段

（一）第一阶段：国家层面的研究

在 Hymer（1960）研究以前（1960 年以前），国际商务领域的研究以国际经济学为主导，或者完全以经济学为研究基础。研究的重点是国家层面的竞争力，多以国家间的贸易数据、对外投资数据为主进行分析。主流的新古典主义国际经济学建立在一个强假设之上，即无论跨国交易的主体是资本还是货物，要素资源禀赋的差异总是引发国际交易的原因。其中暗含的假设则是：在讨论如何建立一个有效的国际交易系统时，我们只关注国家层面的挑战，不考虑机构层面的问题，跨国公司和其他任何从事贸易的组织机构都不是研究关注的对象。

（二）第二阶段：跨国公司、跨国公司母公司或总部层面的研究

20世纪60年代，随着海默（Hymer）、邓宁、弗农（Vernon）开创性研究的出现，国际商务研究真正从传统的国际经济学研究中独立出来，逐渐形成了以跨国公司为主要研究载体的现代国际商务研究的基本构架和研究体系，具有其独立特点的国际商务研究方法也在这一时期开始形成。

20世纪60年代，研究的重点转移到跨国公司的对外直接投资和企业特定优势（firm specific advantages，FSA）的跨国界转移上。这种企业特定优势的转移既包括专利、研发能力、品牌这类可独立存在的竞争优势的转移，也包括更高阶的商业能力的转移。Dunning（1958）和Vernon（1966）在其研究中，肯定了公司在国际商务中重要的主体性地位，这是现代国际商务研究的开端。1958年，邓宁提出，在英国的美国跨国公司，在制造技术密集型产品和服务的同时，带动了英国当地经济技术的发展，比如创造了更多的工作机会和税收收入，提高了生产率，进而提升了英国的国家特定优势。

1960年，现代国际商务之父Hymer（1960）将现代国际商务研究带入第二阶段，进而促成了国际商务研究对象的根本性转变。海默的伟大贡献在于，他提出了“企业特定优势”这一概念，并指出跨国公司在对外扩张时，需要依靠其拥有的企业特定优势来抵消其在海外进行经营活动的外来者劣势（liability of foreignness）。从此，跨国公司及其企业特定优势成为国际商务的核心研究对象。例如，在美国硅谷的国外公司一般雇用当地员工和使用当地供应商进入到当地的知识网络，进而学习和利用地区性和国别性知识为企业的创新活动服务。硅谷的跨国公司在保持先进技术发展和扩展企业知识基础方面，不仅超过了他们自己国家的企业，而且在吸收当地知识方面，还有希望超过处在同一地区的当地企业。但海默的研究也有其局限性，由于他将跨国公司作为封闭市场的垄断者进行研究，夸大了跨国公司所拥有的市场势力，从而也就夸大了其企业特定优势的作用。

1966年，弗农在其发表在*The Quarterly Journal of Economics*的论文中（Vernon，1966）首次提出了著名的产品生命周期理论（product life cycle，PLC）。产品生命周期理论指出，商品与生命相似，有一个出生、成熟、衰老的过程，弗农把产品的生命

周期划分为三个阶段，新产品阶段、成熟产品阶段和标准产品阶段。他认为，产品生命周期理论可以解释发达国家出口贸易、技术转让和对外直接投资的发展过程。

Johanson 和 Vahlne（1997）在海默的研究基础上，构建了乌普萨拉国际扩张模型（the Uppsala model），直到 1994 年国际新创理论（international new venture）诞生之前（Oviatt and Mcdougall，1994），乌普萨拉国际扩张模型都是解释跨国公司国际扩张的主要理论模型。该模型将企业的国际化进程划分为几个不同的阶段，在每个阶段，企业都需要将发挥其特定优势所带来的收益，与在未知环境中运营的风险和成本进行比较衡量，进而做出决策。在国际化初期，企业会向邻近的、与母国有着相似国家特定优势的国家或地区扩张。当企业学会克服其作为外来者劣势的风险之后，它会向更远（地理距离、文化、制度距离等）的市场扩张。在这个阶段，企业已经学会通过整合企业自身特定优势与东道国的国家特定优势，来抵消未知环境带来的文化、经济和政治风险。同时，乌普萨拉国际扩张模型还揭示出，处于国际化不同阶段的企业，会根据自身情况，采用不同的方式进入海外市场。一般来说，企业的国际扩张模式会按照风险由低到高的模式逐渐升级，往往会从间接出口到直接出口，再从直接出口到对外直接投资，最后到风险和利益都最高的海外独资。不同的企业会选择不同的途径在海外运用其企业特定优势，如出口、独资、特许经营、合资等。例如，1915 年，宝洁在其总部美国邻国加拿大设立第一个海外公司，聘用 75 人生产象牙皂和 CRISCO 植物烘焙油。在随后的 85 年中，宝洁公司将其产品推销到全世界。宝洁公司在进入其他国家市场时，除在极少数国家新建企业，大部分都采用风险相对较低的收购与兼并的方法。20 世纪 70 年代，宝洁公司在进入加拿大、英国、菲律宾、沙特阿拉伯后，收购日本太阳屋公司，建立宝洁太阳公司，开始在日本生产和销售宝洁产品。20 世纪 80 年代，其在中国成立合资公司，在德国推出可重复灌装的保洁产品。20 世纪 90 年代，宝洁公司收购捷克斯洛伐克[⊖]RAKONA 公司，首次在东欧开展业务，并迅速扩展到匈牙利、波兰和俄罗斯，20 世纪 90 年代后期进入墨西哥等拉美市场。1998 年，宝洁欧林新厂落成投产，宝洁公司机构改革方案开始实施。至此，宝洁公司已经成为一家真正的跨国企业，在全世界 70 多个国家经营业务，产品畅销 140 多个国家和地区。

因此，乌普萨拉国际扩张模型也是一种解释跨国公司海外市场进入方式的有效途径。虽然在乌普萨拉国际扩张模型中，国家和跨国公司一道被看作分析研究的单位，但此模型真正的研究重心却是跨国公司的战略管理流程以及母公司管理层在战

⊖ 捷克斯洛伐克于 1993 年分为两个国家——捷克和斯洛伐克。

略管理中所扮演的角色。因此，乌普萨拉国际扩张模型与1960年之前以国家层面竞争力为研究对象的研究有着本质性的区别，它属于现代国际商务研究。

（三）第三阶段：跨国公司全球网络、跨国公司子公司层面的研究

20世纪90年代，现代国际商务研究的重点集中在跨国公司全球网络及其全球子公司层面。这一阶段的开创性研究来源于1996年，Birkinshaw首次提出“子公司首创精神（能力）”的概念，此后国际商务的研究重点转移到“子公司如何创造性地整合母国与东道国的国家特定优势，以及跨国公司已有的或在东道国新创造的企业特定优势”这一问题上。Birkinshaw（1996，1997，2000）的研究表明，这种由子公司通过发挥主观能动性所做出的创新性整合将帮助跨国公司在经营网络中建立起新的企业特定优势，与此同时并进一步强化自身的整体竞争优势。

例如，在20世纪90年代，在新加坡的惠普工厂开始对打印机的一些功能进行局部修改，具体包括将两片电路板合二为一，将电源适配器移至打印机之外等。其中，针对日本市场的需求，新加坡惠普工厂将美国母公司的500C彩色喷墨打印机在机械结构上重新加以设计，并开发出专门针对日文的软件，这一改进最为成功，它帮助惠普成功打开日本市场。之后，新加坡惠普工厂更是自主开发了能在狭小办公室方便使用的便携式打印机，这个新产品后来在美国荣获了卓越设计奖。

可见，海外子公司成功开发出具有本土特色的技术，具有非常重要的意义：可以使创新技术回流到母公司，在全球市场上掀起新产品畅销的热潮，同时还可以为跨国公司创造全球市场竞争优势。仅仅把海外子公司视为简单的生产基地的举措，缺乏全球化经营的思维，欠缺技术转移的长期规划，结果就只能是跨国公司在这些地区赚取劳动力成本价差的微薄收益，而无法成为全球领先的创新型企业。

在过去的50年里，国际商务领域的研究经历了从国际经济学为主到逐渐独立并形成具有自身特色的现代国际商务研究的过程；经历了从国家特定优势与企业特定优势完全分离的单独研究，逐渐发展到将二者紧密联系起来进行讨论的过程，并开始重点关注跨国公司管理层在整合母国、东道国国家特定优势，以及各个不同子公司间不同企业特定优势方面所发挥的重要作用。

此外，国际商务的研究单位从国家层面，转移到跨国公司母公司的层面，最后又进一步转移到跨国公司子公司的层面，并开始将子公司在跨国公司网络内部所扮演的角色作为主要关注点。至此，国际商务的研究视角实现了从宏观到微观，从个体到网络的转变过程。

二、国际商务研究发展的两次转变

（一）第一次转变：国家层面→跨国公司层面

1960 年，海默在产业组织理论研究的基础上开始跨国公司研究，他将跨国公司定义为：从事国际生产而非国际交易的组织。海默从公司控制程度的角度区分了对外直接投资和对外间接投资。他简单地将对外直接投资解释为资本移动，将国家层面的间接投资理论排除在外。此外，海默还提出，要实现对外直接投资，需要满足两个基本条件：第一，作为新进入者的外资公司，必须拥有能与东道国本土公司相抗衡的竞争优势，从而使投资成为可能；第二，由于东道国特有的习俗、与母国迥然不同的消费者偏好、陌生的法律体系等都使得外资公司处于劣势地位，因此外资公司应该拥有某种垄断优势以抵消其外来者劣势。

Buckley 和 Casson（1976，2009）、Rugman（1981）、Hennart（1982）等学者共同建立起了被广泛认为是跨国公司研究的一般性理论的内部化理论。内部化理论的基本论点是：为了实现利润最大化，面对各种不完全竞争市场，企业会选择将其中间产品进行跨国的内部化转移，尤其是科技、生产工艺、品牌等无形资产的跨国市场内部化，即用公司内部交易来代替低效或非可行性的跨国境的正常交易。内部化理论认为，这种内部化行为会为跨国公司带来效率优势，而这种效率优势正是跨国公司存在的原因所在。1981 年，Rugman 提出内部化理论是跨国公司研究领域的一般性理论，内部化理论自身即涵盖了企业进行跨国或是本国生产的原因。同时，他还强调了跨国公司在克服外部市场缺陷方面的角色，以及其在不完全竞争市场相关政策建议方面给我们的启示。2005 年，Eden 在评价 Rugman 的研究成果时指出，他在内部化领域的最重要贡献来自两个方面：首先，他使内部化理论成为跨国公司研究领域的一般性理论；其次，他通过构建区位约束下的企业特定优势与非区位约束下的企业特定优势这两个概念，将内部化理论与战略管理思维结合在一起。Hennart 在 1982 年提出了一个与 Buckley 和 Casson（1976，2009），Rugman（1981）的理论稍有区别的内部化理论。他提出，对于想要实现海外扩张的企业，直接建立海外工厂的方式总是比直接出口更为有效，因而一个公司总会想要开办海外工厂。

Hennart 提出的这种折衷范式后来由邓宁在 1977 年、1988 年和 1998 年扩展为 5 个不同的版本，它结合了几种从国家和企业层面出发的关于跨国经营活动的不同理论来解释对外直接投资。邓宁认为决定企业对外投资的最基本要素有三个，分别是：所有权优势（ownership advantage）、区位优势（location advantage）、内部化优势（internalization advantage），这就是著名的“三优势范式”（OLI paradigm）（Dunning，1977，1988，1998）。

所有权优势又被称为垄断优势或厂商优势，它包括两个方面。一是资产性所有权优势，是指有形资产以及专利技术、品牌名称等无形资产。例如，20 世纪 50 年代，麦当劳刚刚诞生之时，可口可乐就开始为麦当劳餐厅供应饮料，在半个多世纪的合作中，两者形成了坚实的战略联盟，两者之间不再只是简单的买方和卖方关系，更多的是合作伙伴关系。可口可乐为麦当劳提供最为优惠的价格支持，而麦当劳在发展的道路上，把可口可乐带到自己足迹所及之处。第二次世界大战期间，可口可乐将可乐瓶装技术和销售经营权授予地方性生产商和销售商，授权受许人在指定的地区使用它提供的糖浆生产可乐、装瓶并出售。受许人用可口可乐提供的糖浆生产并装瓶，再按照其要求分销最终产品。2001 年，可口可乐携手雀巢，组建新的合资公司，该合资公司致力于开发新型饮料市场，其中最主要的是即时饮用的咖啡和健康性饮料。2003 年，可口可乐打败对手百事可乐，成为世界上最大的三明治特许经营企业——赛百味的唯一供货商，为赛百味遍布全球 72 个国家的近 2 万家加盟店提供饮料供应。二是交易性所有权优势，即协调、管理、经营方面的优势，以及广泛分布的经营网络等。例如，20 世纪，松下在全球的发展壮大，其成功的海外扩张过程，始终受到松下幸之助世界理念的激励。正是依靠他的这种理念，日本松下产业公司在世界各地都与当地企业融洽相处，建立了广泛的关系，顺利地开展经营工作。

区位优势是指东道国拥有而其他国家没有的某种国家特定优势，如自然资源、生产要素、市场需求状况、文化、法律与政治制度、整体组织环境等；此处还存在潜在的区位优势，如国家层面的市场结构和政府政策。例如，2003 年 12 月英国英美有限公司收购南非大型矿业公司之一的库姆巴资源有限公司，以进一步涉入铁矿业来满足全球铁矿石的强劲需求。从这桩收购案中可以看出，英美公司选择对南非的企业进行并购，看重的就是南非作为世界上矿产蕴藏丰富的国家之一的区位优势。

内部化优势是指当企业通过把与外部组织进行的交易内部化来实现自身特定优势时，所获得的利益。相对而言，由一个公司管理多个位于不同地理区域的内部市场，总比由多个独立的市场参与者分别进行管理，或是多个联合经营的参与者共同进行管理更为有效。当企业决定进行海外经营时，它会将三种优势结合起来进行考虑，选择最合适的进入方式。三种基本要素的不同组合形成了企业参加国际经济活动的三种主要形式：对外直接投资、商品出口和许可证贸易。下面的三个公式简单地回答了企业在具有不同优势的前提下选择模式的偏好。

（1）所有权优势 = 许可证贸易；

（2）所有权优势 + 内部化优势 = 商品出口；

（3）所有权优势 + 内部化优势 + 区位优势 = 对外直接投资。

1998 年，邓宁再次对 OLI 模型进行了补充。他提出，OLI 模型可识别出四种以不同区位优势为导向的跨国生产：①自然资源导向型；②市场导向型；③效率导向型；④战略资源导向型。

OLI 模型运用范围广泛，但也存在它自身的局限性，对该模型的批评包括以下几点：①所有权优势与内部化优势在管理决策中并不是独立存在的两个参数，而是必须结合起来考虑的一个整体。所有权优势事实上来自内部化优势，因而将它们作为互相独立的变量讨论是牵强的；②所有权优势不可避免地受到区位因素的影响，因此这两个因素也是同时确定的。

（二）第二次转变：跨国公司层面→跨国公司子公司层面

进入 20 世纪 90 年代，跨国公司仍然是国际商务研究最重要的分析单位，因为最重要的战略决策都在这个层面进行。但学者们发现，当将母公司层面的国际商务理论直接运用到跨国公司子公司层面时，常常会遇到问题，这是因为跨国公司是一个差异化的网络，而不是一个整体的金字塔结构，每个子公司都具有其独特性。因此，子公司开始作为独立的研究对象受到学者的关注。

国际商务学界普遍认为，使得国际商务研究由跨国公司层面向跨国子公司层面的转变的里程碑式的学者是 Binkinshaw。从 Binkinshaw 于 1996 年和 1997 年分别发表在 JIBS 和 SMJ 的重要文献中可以看到，他将研究重心转移到了跨国公司的子公司上，并开始关注子公司管理层所扮演的角色，关注子公司怎样通过发挥自主权帮助实现整个公司的特定优势。他的研究证实，要试图理解跨国公司内部的创新流程，子公司以及作为首创精神推动者的子公司管理层应被作为重要的研究对象。许多对创新至关重要的战略决策是在子公司层面进行的，这些决策催化新的公司特定优势的产生。

Rugman 和 Verbeke（1992，2001，2003）的研究提出在母国的跨国公司总部和在海外的子公司都能创造出企业特定优势。Rugman 和 Verbeke 在 2001 年提出：子公司的首创精神会促进区位约束性企业特定优势的建立。通过使用恰当的惯例来加强这些区位约束下的企业特定优势，可以使它们转化为不受区位约束的企业特定优势。Kindleberger 也认为，通过发挥首创精神，跨国公司子公司不但可以建立区位约束下的企业特定优势，还可以建立不受区位约束的企业特定优势。子公司可以创造不受区位约束的企业特定优势这一事实，反映了跨国公司子公司及其管理层的影响力超越了指派给它们的地域与领域——他们在跨国公司的整个增值链中扮演了重要角色，帮助创造出了新的企业特定优势。

三、本章小结

20世纪60年代，随着海默、邓宁、弗农开创性研究的出现，国际商务研究真正从传统的国际经济学研究中独立出来，逐渐形成了以跨国公司为主要研究载体的现代国际商务研究的基本构架和研究体系，国际商务作为一个独立完整的学科正式形成。本章通过对国际商务研究发展50年研究层面、研究主体、研究理论框架、研究转变的简要介绍，希望读者对于国际商务的理论发展有一个比较清晰的了解。

参考文献

[1] J M Birkinshaw. How Multinational Subsidiary Mandates Are Gained and Lost[J]. Journal of International Business Studies, 1996, 27（3）: 467-496.

[2] J M Birkinshaw. Entrepreneurship in Multinational Corporations: The Characteristics of Subsidiary Initiatives[J]. Strategic Management Journal, 1997, 18（3）: 207-229.

[3] J M Birkinshaw. The Determinants And Consequences of Subsidiary Initiative in Multinational Corporations[J]. Entrepreneurship Theory and Practise, 2000, 24（1）: 9-35.

[4] P Buckley, M Casson. The Future of The Multinational Enterprise[M]. Basingstoke: Macmillan, 1976.

[5] P Buckley, M Casson. The Internalisation Theory of the Multinational Enterprise—A Review of the Progress of A Research Agenda after 30 Years[J]. Journal of International Business Studies, 2009, 40（9）: 1563-1580.

[6] J H Dunning. American Investment in British Manufacturing Industry[M]. London: Allen & Unwin, 1958.

[7] J H Dunning. Trade, Location of Economic Activity and the MNEs: A Search for An Eclectic Paradigm[M]. London: Macmillan, 1977.

[8] J H Dunning. The Eclectic Paradigm of International Production: A Restatement and Some Possible Extension[J]. Journal of International Business Studies, 1988, 19（1）: 1-31.

[9] J H Dunning. Location and the Multinational Enterprise: A Neglected Factor? [J]. Journal of International Business Studies, 1998, 29（1）: 45-66.

[10] L Eden. Cave! Hic Dragones! Alan M. Rugman's contribution to the Field of International Business[M]. Oxford: Elsevier, 2005.

[11] J F Hennart. A Theory of Multinational Enterprise[M]. Ann Arbor: University of

Michigan Press, 1982.

[12] S H Hymer. The International Operations of National Firms: A Study of Direct Foreign Investment[D]. MIT: MIT Press, 1960.

[13] J Johanson, J E Vahlne. The Internationalization Process of the Firm: A Model of Knowledge Development and Increasing Foreign Market Commitments[J]. Journal of International Business Studies, 1977, 8（1）: 23-32.

[14] B M Oviatt, P P Mcdougall. Toward a Theory of International New Ventures[J]. Journal of International Business Studies, 1994, 25（1）: 45-64.

[15] A M Rugman. Inside the Multinationals: The Economics of Internal Markets[M]. New York: Columbia Press, 1981.

[16] A M Rugman, A Verbeke. A Note on the Transnational Solution and the Transaction Cost Theory of Multinational Strategic Management[J]. Journal of International Business Studies, 1992, 23（4）: 761-771.

[17] A M Rugman, A Verbeke. Foreign Subsidiaries and Multinational Strategic Management[J]. Management International Review, Special Issue, 1993, 33（2）: 71-84.

[18] A M Rugman, A Verbeke. Subsidiary-specific Advantages in Multinational Enterprises[J]. Strategic Management Journal, 2001, 22（3）: 237-250.

[19] Alan M Rugman, Alain Verbeke, T K Quyen Nguyen. Fifty Years of International Business Theory and Beyond[J]. Management International Review, 2011（51）: 755-786.

[20] R Vernon. International Investment and International Trade in the Product Life Cycle[J]. The Quarterly Journal of Economics, 1966, 80（2）: 190-207.

C H A P T E R 4

第四章

内部化理论及其在国际商务研究中的应用

内部化理论指的是企业通过内部化行为将外部市场交易转化为内部交易，从而节约交易成本的过程。它的理论与 Coase（1937）、Williamson（1975，1981，1999）一脉相承，同为交易成本理论的组成部分，并被 Buckley 和 Casson（1976）创新性地应用于国际商务领域，使得国际商务这一门学科具备了强有力的理论工具。几十年来内部化理论得到了长足的发展，其理论的内涵和外延得到后来学者们的不断扩展，在解释跨国公司进入模式（entry mode）、跨国公司并购（M&A）等国际商务行为上发挥了十分重要的作用。

一、内部化理论

（一）内部化理论的定义

1936 年经济学家科斯（Coase）创立了内部化理论，讨论为什么会存在企业这样一种组织形式。学界普遍认为，将外部交易变成内部交易的行为称为内部化；而企业是对不完全竞争市场的替代，即内部化的过程中建立起来的。1976 年巴克利和卡森将内部化理论引入国际商务领域，讨论为什么企业的经营范围会溢出国界形成跨国企业（multinational enterprises，MNE）。他们认为，当企业在占有或控制中间产品的过程中，由于这种中间产品市场并不是依照政治国界划分的，因此在内部化不完全竞争市场的进程里会将企业范围扩大至超过一国界限，形成跨国企业。

在这种定义下，国内企业反而成为一种特例，即在企业内部化过程中市场范围仅仅存在于某一国家的企业形成了国内企业。另外，需要注意的是，如果企业占有或控制的中间产品是知识密集型的无形资产，那么跨国企业寻求的是基于创新的暂时的寡头垄断，在理论上是知识创新和扩散的完全竞争外部市场的替代。

（二）企业内部化的前提

存在市场外部性是企业内部化的前提。经济活动的有效协调需要一整套的中间产品市场，包括大量的买家和卖家，没有信息不对称也没有外部性，这在现实生活中是很难实现的。很多中间产品的外部市场有一系列的缺陷，这些缺陷包括：

（1）缺乏协调具有显著时滞问题的经济活动的期货市场；

（2）歧视价格在有效挖掘市场潜力上的不可行；

（3）双边市场力量导致不确定性的议价情况；

（4）买家无法确定中间产品的质量和特性；

（5）关税、税收、限制资本流动等政府介入行为（Buckley and Casson，1976）。

这些缺陷统称为市场外部性。市场外部性在知识和技能市场上表现得尤为显著（例如企业研发），因此形成了绕开外部市场，将经济活动置于共同所有权之下的动机（内部化）的前提。

（三）内部化的标准与动机

企业是否内部化取决于内部化的收益和成本：收益大于成本，企业进行内部化活动；成本大于收益，企业实行市场外包。具体关于成本和收益的讨论如下所示（Peter Buckley，2014）。

1. 内部化行为的成本与收益

我们从理论分析转向跨国公司的行为分析，跨国公司进行商业活动的时候，内部化能够带来以下几点好处：①控制中间产品和服务市场；②避免风险；③掌控知识；④减少不稳定性。而与此同时，进行内部化的企业需要付出以下成本：①沟通成本；②管理成本；③分割外部市场从而形成许多内部市场时所需要的资源成本；④外国所有者所面临的政治问题；⑤管理协调多国工厂、多国货币、多国文化等复杂情况，会对运营的内部化造成限制。

2. 企业内部化的动因

Casson（1986）对于内部化（垂直整合）的动因进行了系统性的分类，并将全部动因分为科技要素（technical factors）、市场力量（market power）、动态（dynamics）、财政（fiscal）等四个大类，每个大类下属若干小因素；同时，标识出影响因素的正向与负向和与跨国企业间贸易的相关性（见表 4-1）。

表 4-1　影响垂直整合的因素（Casson，1986）

影响垂直整合的因素	正向或负向	跨国企业间贸易的相关性
科技要素		
高固定成本	+	*
高不可回收投资	+	*
科技流的持续使用	+	—
易腐坏的中间产品	+	*
质量变化性，与自然耦合	+	*
不对称信息	+	—
运营资本的灵活运用	+	*
存货在空间上广泛分布	+	*
相邻生产阶段的有效规模不相同，最小公倍数很高	−	*
共同投入和共同产出的多样性	−	*
在利用不可分资产时存在范围经济	−	*
市场力量		
垄断者面临着下游产业的替代压力或者上游厂商的替代压力	+	*
多级的卖方或者买方垄断	+	—
主要企业对新进入者的遏制	+	*
动态		
劳动力部门的创新	+	*
财政		
转移定价的激励、对利润征税的不同税率、从价关税、货币兑换控制	+	*
中间品市场的法定介入，例如价格管制	+	*
对外国股本参与的限制、当地创收的需要，以及对外国直接投资的没收风险	−	*

注：这些因素主要适用于封闭的中间产品的内部市场背景下；* 代表要素同样适用于国际企业间贸易。

（四）内部化理论的发展

1. 嵌入

嵌入（embeddedness）是指跨国企业在中间产品市场中资源流动、信息和政治影响的准内部化（quasi-internalized）的程度。嵌入的形式包括收购、合资、伙伴联盟或是更为松散的联合体。嵌入也有成本和收益的权衡问题，不同国家信息和管理的成本会抵消嵌入在资源进入、知识获取和政治影响方面的优势。对单一国家而言，存在最优嵌入问题，即嵌入的程度并非越深越好，而是根据不同国家的资源和制度而有所差异的（Peter Buckley，2014）。

2. 企业特定优势

Rugman 和 Verbeke（1992）则认为企业跨出国界的原因不仅仅是外部市场的不完美，其是否跨出国界更多地取决于企业内生的特定优势以及如何将企业特定优势（firm-specific advantages，FSA）与外生的国家优势（country-specific advantages，CSA）结合起来。只有在二者结合能够降低沟通成本的基础上，内部化才会发生。当企业特定优势更强时，企业反而会选择更依赖母国而不是加深企业的国际化程度（Narula and Verbeke，2014）。同时，为了适应跨国公司实际情况的变化，Rugman 和 Verbeke（2003）在以下六个方面进一步发展了 Buckley 和 Casson（1976）的理论假设：①从 1976 年开始，世界 500 强企业就一直在不断扩大经营规模，因此以研发为主的跨国公司有扩展限制的假设并不符合实际情况；② 跨国企业间的知识流动不是单一地从总部到子公司，也存在子公司的知识向总部流动以及子公司之间知识流动的现象；③知识流动的容易程度有可能被高估，即跨国企业内的沟通成本可能比想象中的更高；④跨国公司的多中心现象在实际中更有可能是一种“偶然”安排而不是事先由总部确定好的经营策略；⑤子公司在创新过程中的重要性没有被充分重视；⑥在分析的层次上，由最初的公司、行业、区域和国家层级分析，向经理个人、网络和子公司层级扩展。

3. 国际折衷理论

Hennart（1982）提出了一个与巴克利、卡森和拉格曼的理论稍有区别的内部化理论。他提出，对于想要实现海外扩张的企业，直接建立海外工厂的方式总是比直接出口更为有效，因而一个公司总会想要开办海外工厂。埃纳尔提出的这种折衷范式后来由 Dunning（1977，1988，1998）进行扩展，最终发展成为一个独立的国际商务理论，即国际折衷理论，用来解释决定企业对外投资的基本三要素：所有权优势、区位优势和内部化优势。这就是著名的“三优势范式”。

二、内部化理论在国际商务研究中的应用

内部化理论在过去 40 年一直都是国际商务和管理战略文献中的主流视角。内部化理论为企业并购、对外直接投资等跨国企业生产的动机提供了一种有力的解释。

内部化理论的应用边界随着时代的发展，不断拓展。

（一）知识创新驱动的跨国企业商业活动

内部化理论对于由创新驱动的各种跨国企业商业活动都有较强的解释能力。知识作为一种中间产品，想要实现其商业化并获得相应的市场收益，就需要进行内部化过程。这是因为知识产权作为一种特殊的无形产品，不具备外部市场交易的有效性：知识在交易之前无法在市场上进行展示，一旦买方看到了知识的产品内容，在没有支付任何价格的情况下就自动获得了知识，因此知识产品需要严格保密；反之，严格的保密虽然保护了知识卖方的利益，但买方却不能很好地了解知识产品的具体内容，也就无法给出有竞争性的价格。由于供求双方在产品性质、特点上信息不对称，因此在外部市场上无法实现知识产品的价值，进而企业只有通过内部化才能保护和实现知识产品的价值。也就是说，在知识产品没有转化为实际生产力之前，如果要将其卖出，很难估计价值；如果其在企业内部流动，进行优势转移，不但有利于保证优势不外流，又可以减小交易成本，增加运营收益；同时，能够在不同国家或地区进行歧视性定价以获取最大收益。当然，企业的扩张并不是无限制的。扩张的程度受运营成本的限制，例如在不同地区招聘、培训、汇率和政府干预等成本都是对跨国企业扩张的一种限制。对外直接投资也是对知识外部市场失灵的一种次优替代。另外，如果投入品市场是非完美的而下游的分销是竞争性的，那么企业也有可能选择离岸生产（offshoring）或市场外包（outsourcing）。总的来说，在新古典经济学中强调的价格对市场作用的失灵是知识创新驱动的跨国企业进行各种内部化商业活动的原因。

例如，早期拥有先进技术的跨国公司会将核心的研发部门牢牢控制在母国，技术扩散仅存在于内部的有限扩张，因此使产品本地化的情况也较少。出口也是从临近的小国开始起步，同时最终品的关税远高于中间产品也使得最终品出口困难，因此跨国公司更倾向于较高的内部化程度。然而，随着知识产权（intellectual property rights，IPR）在世界范围内推行，以及相关法律制度的建立和健全，知识的市场外部性在逐步减弱，知识的外部交易成为可能，这就使得授权、特许经营和分包等国际商业行为日益增长，在一定程度上减弱了跨国公司内部化商业活动的动机，从而推动了跨国公司全球化的发展。

（二）跨国公司的全球化

内部化的一个重要应用在于解释跨国公司全球化生产的现象（Buckley，2009，

2011；Buckley and Ghauri，2004）。许多拥有关键生产技术或品牌的公司，在世界范围内整合外包和离岸生产，使得内部化被替代而市场交易扩张。企业将高附加值的关键部门，例如设计、研发、品牌等部门掌握在企业内部，而将低附加值的原料供应、组装生产等分散到世界各地。苹果手机的生产就是一个典型：对在价值链中知识密集型和高附加值的部分进行内部化，而将低附加值的组装生产外包给加工技术相对成熟而劳动成本相对低廉的地区，例如中国。随着中国劳动力成本的上升，企业将这类生产活动又进一步扩展到东南亚、南亚等劳动力成本更低的地区，而高附加值的生产活动则还是坐落在企业总部所在地。

跨国企业全球化生产有很多原因，例如国际交通和通信技术的发展促进了各类跨境的商业活动；资本管制的放松促进了国际资本流动和对外投资；近几十年来关税的降低促进了跨国贸易并使得在低劳动成本地区的分散生产成为可能；特别是对知识产权的大力保护使得知识交易的市场外部性减弱，企业可以选择生产全球化而非一定要通过内部化来促进企业的发展。

这种生产活动曾经一度被认为是发达国家的跨国企业对欠发达国家和地区的一种剥削。但随着跨国商业活动的深入发展，所有参与价值链生产的企业也能获得知识和技术的转移，因为跨国公司会通过在子公司中分享技术来覆盖其研发的成本。而其中的关键就是合约安排是否同时兼顾了跨国公司和东道国的利益。也有更多的学者就不同的进入模式——全资子公司、合资企业或企业联盟是否对东道国产生技术溢出进行了分析。

此外，生产全球化和价值链的一个衍生研究是企业的区位分析，即企业总部的选址以及不同类型企业生产活动在地理上的集聚。然而，区位分析在地理位置上有一种降维的趋势，即不再仅仅是进行国家之间的区位对比，也会就国家内部的生产分布进行分析。例如，在美国、中国和印度，由于地区发展的不平衡和资源禀赋的差异，不同的省市或州之间也存在价值链分布的问题，这就使研究的维度由国家降维至省级甚至市级层面。不同省市的竞争优势对吸引直接投资或者企业总部的落户都有影响。这种不同于传统的空间区位分析丰富了内部化在这一领域的研究内容，扩展了研究范围。

（三）外国市场进入模式

跨国商业活动中的进入模式，是内部化理论的一个重要应用，其分析方法主要依靠交易成本分析。进入模式有时候又被称为外资治理结构，主要反映了一个跨国公司用何种方法进入东道国。根据合作深度由浅到深，分别是出口、授权、特许经营、分包、并购以及绿地投资。而绿地投资又分为全资和合资。同时，进入模式也可以发生在不同的商业活动环节，一般我们将完整的商业活动分为研发、生产、分销和最终商品销售，而内部化主要发生在生产和分销环节，例如 Buckley 和 Casson（1998）根据上游生产还是下游分销将进入模式分为 12 个类型（见表 4-2）。

表 4-2　不同类型的进入模式

序号	类型	具体描述
1	正常对外直接投资	进入者同时投资生产型和分销型设施
2	生产型对外直接投资	进入者只拥有生产型设施，分销型独立
3	分包	进入者只拥有分销型设施，生产型独立
4	分销型对外直接投资	进入者通过出口来获得分销型设施
5	出口 / 特许经营	进入者只进行出口，分销型设施独立
6	授权	进入者对独立第三方企业进行技术转移
7	综合合资	进入者与当地公司共同拥有生产型和分销型设施
8	生产型合资	进入者与当地公司共同拥有生产型设施，分销型设施独立
9	分销型合资	进入者与当地公司共同拥有分销型设施，生产型设施独立
10	出口型合资	进入者通过出口与当地公司共同拥有分销型设施
11	对外直接投资 / 合资结合	进入者拥有全资生产型设施，分销型设施与当地公司共同拥有
12	合资 / 对外直接投资结合	进入者拥有全资分销型设施，生产型设施与当地公司共同拥有

资料来源：Buckley and Casson（1998）.

选择何种进入模式主要是通过比较不同进入模式所花费的不同成本来权衡得出的。交易成本又可以分为外部交易成本和内部交易成本，这些成本一般包括：选址成本、内部化沟通和运营成本、融资成本、解决文化冲突的成本、解决信任和心理距离的成本、适应不同市场结构和竞争策略的成本，等等。不同的进入模式面对不同的成本，通过比较交易成本的优劣最终选定进入模式，可以进行以下举例说明：①如果关税、运输成本上升或者是国内生产的规模性效益下降，都有可能导致跨国生产，例如授权或是生产型对外直接投资；②如果进入者的技术具有高壁垒，则可能倾向选择绿地投资而放弃并购或授权来保护公司技术核心资产；③如果建立信任和心理距离的成本过高，则不会选择并购，而更倾向于绿地投资或分包；④如果外国市场的学习、运营或管理成本过高，则会选择并购、授权或特许经营，而不倾向于绿地投资；⑤如果中间产品的交易成本过高，则可能进行垂直整合；⑥如果技术转让的成本很高，则可能进行对外直接投资而舍弃分包。

其中，跨国合资的进入模式是学界最近比较关注的。合资的进入模式是一种部分的内部化，两个或两个以上来自不同国家的公司在不需要完全整合其商业运营的情况下就可以共享重要的资产。这种不清晰的共享模式虽然会导致一定的成本但收益也是灵活而显著的。决定是否采用跨国合资模式有三个关键因素：需要对中间品内部化一个或多个重要市场，需要运营的独立性以及并购具有显著的障碍。在这三种情况下，跨国合资就成为一个最优选择，特别是对于第一次合作的公司，能够循序渐进地建立信任和分享关键资源和技术。这些优势使得跨国合资模式成为跨国企业进入外国市场的一种重要方式。

在分析进入模式的时候内部化理论也常常与制度理论、文化维度理论相联系来共同解释。例如，许多研究就不同国家或是不同的企业文化对企业的商业活动影响做出了分析，例如发达国家的跨国公司在进入欠发达国家时就会遇到的文化差异。而在正式的法律制度或例如语言、习俗等非正式制度的影响下，跨国公司的表现也会出现差异。因此，内部化对跨国商业活动的分析不仅仅是交易成本的纯技术性分析，也会体现不同国家和企业的文化、道德以及福利水平的差异。

（四）新兴国家的跨国企业

随着新兴市场企业的发展，其经营活动也开始跨出国界形成一股不可忽视的跨国企业力量。许多研究者使用内部化来解释新兴国家的跨国企业（emerging country MNE，EMNE）的出现（Dunning，2006；Narula，2006；Cuervo-Cazurra，2008，2012；Narula and Verbeke，2015）。

与传统跨国公司相比，新兴市场的跨国企业并没有资金、技术上的优势，但这并不意味着这些企业就没有优势，它们的优势在于可以将国家特定优势转化为企业特定优势，例如直接获得国家在资金、技术、土地使用甚至是专利通过等方面的便利，即使不能直接获得，它们也能比其他企业更多地知晓如何获取这些资源的信息，形成信息不对等的优势。例如，Buckley（2014）就分析了中国国有跨国企业比民营企业更容易获得银行贷款，甚至是以低于市场利率获得贷款。这种低成本的资金优势使得国有企业在国际市场上可以用高于市场的价格成功购买大量国外资产进而在企业品牌、技术甚至管理方法上获得竞争优势。

值得注意的是，企业内部必须对资源进行有效的整合。企业建立的内部市场必须比外部市场更有效率，跨国企业的内部化才能是长久和可持续的。另外，并非所有资源都能在国家间自由流动，在母国能够获得的企业特定优势并不一定能转化为东道国子公司的企业优势，如果这种不充分的企业优势无法转化，那么长期来看投资行为就会减少。新兴市场的跨国企业相比于发达国家跨国企业在资源整合、流动效率方面仍有劣势，后续的发展有赖于对国家特定优势和企业特定优势的利用和整合。

三、内部化理论的发展方向

（一）网络化的跨国企业

内部化解决的一个重要问题就是企业选址。由于内部化知识的含义发生着变化，跨国企业需要在技术研发、后期服务以及加工制造等环节进行网络化的思考，通过特定产业或部门的价值链变化而非传统以制造成本为核心作为企业选址的主要理由。同时，跨国企业的地理问题也从国家之间的竞争下降到城市与城市之间的竞争，地理空间的选择变得更为具体。特别是在对外直接投资流入和企业总部落户之间，同一国家的不同城市竞争更为激烈。另外，总部与子公司之间，子公司与子公司之间的网络化联系可以将巨型的跨国企业本身看作一种内部的空间地理分布。

（二）新兴市场的跨国企业

近年来，随着新兴市场的崛起，例如中国和印度的公司开始“走出去”，在国际市场上成为一支不可忽视的力量。一方面，不同于传统的跨国企业的形成动机，内部化理论是否能保有生命力，可以用新兴市场的跨国企业的实际行为进行检验。另一方面，新兴跨国公司与传统跨国公司的行为差异也有助于拓展内部化理论的内涵和外延。另外，在分析过程中需要注意特定的制度和情景背景。

（三）其他方向

在跨国公司技术内部流动、跨国公司选址回流以及福利演进等方面，也有许多有待研究的方向。例如，在跨国公司内部，技术不仅从总部流向子公司，也存在着子公司反哺总部，或子公司之间的技术流动的情况，使得流动的方向从单一走向网络化。随着跨国公司的利润重心不再来源于制造环节和廉价劳动力，出现了许多跨国公司从发展中国家向发达国家回流的情况，以及跨国公司使用童工问题等。这些都是潜在的研究方向。

四、本章小结

本章详细阐述了内部化理论的基本内容，重点回顾了内部化理论在国际商务领域的应用，特别是其在跨国公司节约交易成本，保护本企业优势中的应用，并且指出了其存在的一系列问题。内部化理论为企业对外直接投资提供了动机；对跨国公司的形成和发展提供了解释；通过管理协调代替市场机制协调，减少成本增加利润，在不断的企业扩大中形成规模经济，不断增强自身的竞争优势；内部化理论在对跨国公司的协调中，强调了不同部门设施的联动配合，而不是像传统小公司那样独立作业，用单独的生产力来衡量企业业绩；内部化理论在国际商务的应用中也存在一些问题：内部化决策与市场结构的关系、内部化和竞争优势的关系。在实际应用中，需要明确这两种关系内涵，才能利用内部化获得利益最大化。

参考文献

[1] P J Buckley, M Casson. Future of the Multinational Enterprise[M]. Springer, 1976.

[2] P J Buckley. Problems and Developments in the Core Theory of International Business[J]. Journal of international business studies, 1990, 21（4）: 657-665.

[3] P J Buckley, M C Casson. Analyzing Foreign Market Entry Strategies: Extending the Internalization Approach[J]. Journal of international business studies, 1998, 29（3）: 539-561.

[4] P J Buckley, D R Lessard. Regaining the Edge for International Business Research[J]. Journal of International Business Studies, 2005, 36（6）: 595-599.

[5] P J Buckley, N Hashai. Formalizing Internationalization in the Eclectic Paradigm[J]. Journal of International Business Studies, 40（1）: 58-70.

[6] P J Buckley, M C Casson. The Internalisation Theory of the Multinational Enterprise: A Review of the Progress of A Research Agenda After 30 Years[J]. Journal of International Business Studies, 40（9）: 1563-1580.

[7] P J Buckley, R Strange. The Governance of the Multinational Enterprise: Insights From Internalization Theory[J]. Journal of Management Studies, 48（2）: 460-470.

[8] P J Buckley. Forty Years of Internalisation Theory and the Multinational Enterprise[J]. Multinational Business Review, 22（3）: 227-245.

[9] M Casson. Multinationals and World Trade: Vertical Integration and the Division of Labour in World Industries[M]. London: Routledge, 2012.

[10] R H Coase. The Nature of The Firm[J]. Economica, 1937, 4（16）: 386-405.

[11] R H Caves. International Corporations: The Industrial Economics of Foreign Investment[J]. Economica, 1971, 38（149）: 1-27.

[12] J A Cantwell. Theories of International Production[J]. University of Reading, Department of Economics, Discussion Papers in International Investment and Business Studies, 1988, SeriesB(September): 1-122.

[13] M C Cooper, L M Ellram. Characteristics of Supply Chain Management and the Implications for Purchasing and Logistics Strategy[J]. The international journal of logistics management, 1993, 4（2）: 13-24.

[14] J H Dunning. Some Antecedents of Internalization Theory[J]. Journal of International Business Studies, 2003, 34（2）: 108-115.

[15] J H Dunning, M McQueen. The Eclectic Theory of International Production: A Case Study of the International Hotel Industry[J]. Managerial and decision economics, 1981, 2（4）: 197-210.

[16] S E Feinberg, A K Gupta. MNC Subsidiaries and Country Risk: Internalization as A Safeguard Against Weak External Institutions. Academy of Management Journal, 2009, 52（2）: 381-399.

[17] B Fugate, F Sahin, J T Mentzer. Supply Chain Management Coordination Mechanisms[J]. Journal of business logistics, 2006, 27（2）: 129-161.

[18] J F Hennart. A Theory of Multinational Enterprise[M]. Michigan: University of Michigan Press, 1982.

[19] S Hymer. The International Operations of National Firms: A Study of Direct Foreign Investment[J], 1960.

[20] J F Hennart, S B Reddy. Digestibility and Asymmetric Information in the Choice Between Acquisitions and Joint Ventures: Where's The Beef ?[J]. Strategic Management Journal, 2000: 191-193.

[21] A Hinterhuber. Value Chain Orchestration in Action and the Case of the Global Agrochemical Industry[J]. Long Range Planning, 2002, 35(6): 615-635.

[22] S H Hymer. The Large Multinational 'Corporation': An Analysis of Some Motives for the Inter-national Integration of Business[J]. Revue Economique, 1968, 19（6）: 949-73.

[23] C P Kindleberger. American Business Abroad[J]. Thunderbird International Business Review, 1969, 11（2）: 11-12.

[24] N Lundgren, U Ulmsten, O Dahl, N Ranudd. The Value of Renography in the Assessment of Obstruction in the Upper Urinary Tract: An Investigation of 45 Cases of Carcinoma of the Cervix Uteri Treated by Wertheim Hysterectomy[J]. Acta obstetricia et gynecologica Scandinavica, 1972, 51（3）: 241-246.

[25] J McManus. The Theory of International Firm[J]. In P. Gilles (ed), The Multinational Firm and the Nation State, Canada: Collier McMillan, 1972: 67-93.

[26] R Narula, A Verbeke. Making Internalization Theory Good for Practice: The Essence of Alan Rugman's contributions to International Business[J]. Journal of World Business, 2015, 50（4）: 612-622.

[27] M E Porter. Competitive Strategy: Techniques for Analyzing Industries and Competitors[M]. New York: Free Press, 1980.

[28] M E Porter. Competitive Advantage[M]. New York: Free Press, 1985.

[29] M E Porter. Competition in Global Industries[M]. Boston: Harvard University Press, 1986.

[30] A M Rugman, A Verbeke. A Note on the Transnational Solution and the Transaction Cost Theory of Multinational Strategic Management[J]. Journal of International Business Studies, 1992, 23（4）: 761-771.

[31] A M Rugman, A Verbeke. A Perspective on Regional and Global Strategies of Multinational Enterprises[J]. Journal of International Business Studies, 2004, 35（1）.

[32] A M Rugman, A Verbeke. Extending the Theory of the Multinational Enterprise: Internalization and Strategic Management Perspectives. Journal of International Business Studies, 2003, 34（2）: 125-137.

[33] F M Scherer. The Economics of Multi-plant Operation: An International Comparisons Study [M]. Boston: Harvard University Press, 1975.

[34] O E Williamson. Markets and Hierarchies: Analysis and Antitrust Implications: A Study in the Economics of Internal Organization[J]. Social Science Electronic Publishing, 1975, 86（343）: 619.

[35] O E Williamson. The Modern Corporation: Origins, Evolution, Attributes. Journal of Economic Literature, 1981, 19（4）: 1537-1568.

[36] O E Williamson. Strategy Research: Governance and Competence Perspectives[J]. Strategic Management Journal, 2005, 20（12）: 1087-1108.

C H A P T E R S 5

第五章

国际生产折衷理论及其在国际商务研究中的应用

国际生产折衷理论（the eclectic theory of international production）是由英国经济学家邓宁在综合吸收其他学者有关跨国公司理论的基础上，经过总结分析而提出的。该理论囊括了许多先前其他学者有关国际生产理论，并加以分析而形成了独特的理论体系，通过邓宁在1977年、1988年和1998年发表在JIBS上的三篇论文，该理论被扩展为不同的版本。国际生产折衷理论，又称“国际生产综合理论”，该理论的核心是提出所有权特定优势、内部化特定优势和区位特定优势，企业进行国际生产所采用的形式、生产开展的程度均取决于以上三个优势，即这三种优势是否齐备或者其作用的强弱程度决定了企业是否进行国际直接投资以及进行国际直接投资的具体形式，下面详述三种优势。

一、国际生产折衷理论

（一）所有权优势

所有权优势（ownership advantages）又被称为垄断优势或厂商优势，是企业进行国际生产的基础，具备所有权优势的企业，可以在一定程度上更好地进行国际生产。邓宁将决定一国企业相对于其他国家企业所具有的所有权优势划分为三类。

第一，一些国际化企业相对于其他进入企业来说，更容易获得市场准入和原材料，那么相较其他的新进企业，这些国际化企业拥有所有权优势。或者新进企业进入规模较小，难以达到规模经济或达到规模经济的时间较长，因此无法与原有企业竞争。规模经济对于某些行业的企业至关重要，较小的经济规模难以支持新进企业达到规模经济，导致新进企业的生产成本远高于原有企业的生产成本，原有企业在市场上更有竞争力，所以原企业拥有所有权优势。再或者原有企业拥有某些无形资产，诸如专利、商标或者管理技能，以及跨国公司具有的组织管理能力与企业家才能，这些优势能在企业向外扩张中得到充分的发挥。此外，技术优势也可以让企业具有所有权优势，如果企业拥有领先行业的技术，就可以在工艺方面领先整个行业，优化生产过程，降低产品成本或者多样化自己的产品，从而具有较强的市场竞争力，也会形成企业独特的所有权优势。最后，金融优势，跨国企业往往有较好的资金来源渠道和较强融资能力，为企业的资金周转提供了保障，使其能在国际生产中发挥优势。

第二，在一些特定的区域，跨国企业子公司会比一些新公司更具有所有权优势。跨国企业子公司的所有权优势主要来源于母公司，跨国企业在经营中不断优化自身的产业链，并且这些跨国企业通常会采取国际集中采购，使得跨国企业子公司在原材料的获得方面优于当地新进公司。母公司的总体商业网络会使得子公司受益，子公司也可直接借鉴母公司的营销网络和技巧，在一些产品需求类似或相同的领域这些优势得以直接应用。另外，子公司可以享受母公司的研发成果，利用母公司的会计程序，学习母公司的行政管理经验，这些都会增强子公司的所有权优势。而相对于跨国企业的子公司，新建企业或者一个刚开发新产品进入一个新的生产领域的公司一般来说要承担全部生产开发经营费用，且初始阶段其经验欠缺，产业链不完善，公司内部的制度不尽合理，对于原材料的采购以及市场占有不具有优势，所以很难与成熟的跨国企业的子公司竞争，与之相比也缺少所有权优势。一般来说，子公司所属的母公司这些所有权优势越明显，子公司所具备的竞争力也越强，具有的所有权优势也越明显。

第三，所有权优势可能来源于跨国经营，企业跨国界经营所涉及的国家越多、地域越广，各个国家或地区的经济环境差异就会越大，那么该公司通过利用不同经营地区的要素禀赋及市场情况所获得的收益也就越大，也就具有了更强的企业所有权优势。这种优势来源于企业经营地域的差异，在不同的国家进行经济活动，需要适应当地的政治、经济、文化和法律情况，这些情况可能与母国有很大差异，因此企业在这种涉外经济活动会增加自身的国际经验，这些国际经验使得其他企业短期难以复制和模仿，进而成为企业自身独特的优势。在与其他新进企业的对抗中，拥有很多涉外经济活动经验的企业往往会比其他企业做得更好，这也就是我们所说的企业所有权优势发挥了作用。

（二）内部化优势

内部化优势（internalization advantages）是邓宁国际生产折衷理论的重要组成部分。根据邓宁的说法，可以区分企业两种不同竞争优势的来源：第一个竞争优势来源于企业对其特有的无形资产的所有权（如企业特定的技术）；第二个竞争优势来源于企业对互补资产的所有权（如创造新技术的能力、有效协调跨部门生产的能力以及对跨境活动的协调能力等）。跨国公司通过保留对其资产网络（包括生产、销售、金融等）的控制，能够获得并扩大其“内部化”优势。也就是说，内部化优势的产生源于综合性企业能够更容易地获得由其自有技术等独特资产所有权带来的全面回报，以及直接由协调使用互补资产管理更复杂网络带来的回报两个方面。

更准确地说，内部化优势是指当企业通过把与外部市场进行的交易内部化时，企业会提高交易效率，降低交易成本，从而可以实现自身特定优势，获得额外的利益。在一定程度内，由一个公司统筹管理多个位于不同地理区域的内部市场，总比由多个独立的市场参与者分别进行管理，或是多个联合经营的参与者共同进行管理更为有效。内部化理论与市场不完全和存在交易成本密切相关。企业进行内部化，主要是外部市场的不完全导致的。外部市场由于存在政府干预、贸易壁垒以及生产技术差异等原因，会导致中间品成本上升，从而影响企业的生产经营活动。企业内部化的过程就是把外部市场变成内部市场的过程，也就是说，企业可以通过内部化来降低交易成本和保护生产技术。企业内部化中间市场，一方面是为了减少市场的交易和协调成本，另一方面可以保持并不断提高企业的核心竞争力。正如邓宁在《国际生产和多国企业》中提出的那样：“一个国家产品的国际竞争力不尽取决于其各种资源的占有（在某些情况下这是必需的），同时也取决于企业通过内部化来利用这些优势的愿望和能力。”

Dunning（1988）指出，市场内部化的原因在各类文献中已经得到了全方位的分析和考察，但是市场失灵的原因主要是有三个方面：首先，如 Vernon（1983）简明分析的那样，市场失灵是因为风险和不确定性的存在；其次，由于不完全市场的存在，企业进行大规模生产从而获得规模经济的能力受到了限制；最后，对特定商品或服务的交易产生了成本并使交易存在外部性，但是这些成本和外部性并不是交易双方希望看到的。尽管企业内部化的动机可以表述为不同的方面，如保证重要投入品的供给、保证最终产品的质量、确保市场占有份额、保护知识产权、确保价格歧视、分散企业日常管理费用，等等，但是从本质上来看，企业对价值链不同阶段的整合，不断增加产品的多样性或者通过使用互补资产来获得规模经济的内在动机都是一种或者多种交易市场失灵现象的存在。交易市场失灵带来的成本越高，跨国公司越倾向于通过国际生产的形式来发挥其比较优势，因而不采用与外国企业签订合同的形式。与之相对的是，企业管理成本越高，或者运营一个外国企业的外部不经济越高，企业会更偏向于采用与外国企业签订合同的形式来组织生产活动。

进一步地，Dunning（1995）认为可以从两个方面来看内部化优势，即与企业管理层级相关的优势和与企业联盟或经营网络相关的优势。其中，与企业管理层级相关的优势主要包括：避免搜寻和协商的成本；避免道德风险成本、信息不对称和逆向选择；保护内部企业的声誉；避免违约成本和与之相关的诉讼成本；规避买方的不确定性（如投入品（技术等）的性质和价值）；当市场不允许价格歧视时；需要卖方保护中间产品或最终产品的质量时；获得通过相互协作活动产生的外部经济；为了弥补远期市场的缺失；为了避免或利用政府干预（例如配额、关税、价格控制、税收差异等）；控制投入品的供给和销售条款（包括技术）；控制市场销售渠道（包括可能被竞争对手使用的渠道）；能够在实际经营中具体实施，如交叉补贴、掠夺性定价、领先和滞后、转让定价等，以作为一种竞争性（或反竞争性）战略。

与企业联盟或经营网络相关的优势主要涵盖了以下内容：在某些情况下，有时间限制的企业间合作关系可能会替代外国直接投资；在另一些情况下，它们可能会通过参与公司管理、共同研发和经营网络等方式来强化内部化优势，而这些行为会有助于加强参与企业的整体竞争力。此外，世界经济日益增长的结构性一体化要求企业超越其直接边界，以克服在创新时面临的技术交易和知识交流的复杂现实，尤其是在无形资产是隐性的状态下，企业需要快速采取竞争性优化战略来适应结构性变化。与企业联盟或经营网络相关的优势是那些对市场失灵发出“声音”而不是“退出”反应的优势；这些优势也包含了可以排除缺乏弹性、官僚主义或者与风险相关的成本等因素的内部化优势。这种准内部化在有信任、宽容、互惠和共识政治非常重要的文化中可能是最成功的。它表明，企业更适合被比喻成与堤道相连的群岛，而不是有自我独立意识的“孤岛”。与此同时，旗舰或领头的跨国企业通过协调利用可转移的所有权优势和固定的所有权优势，可以增强其作为互补的跨境增值活动套利者角色的地位。

内部化理论解释了企业存在的原因。企业存在是因为市场交换不是最有效的方式，因此需要企业来协调一组密切相关的交易活动。如果企业能够将市场交易不断进行内部化，企业规模就会实现扩大，直到企业进一步增长的成本超过收益。内部化有利于企业的发展壮大，是很多企业在国际化进程中需要经历的过程。

（三）区位优势

当企业拥有所有权优势和内部化优势后，决定是否进行对外直接投资还需要考虑是否具有区位优势（location advantages）。也就是说，在企业具有所有权优势和内部化优势后，如果再拥有区位优势，企业就可以进行对外直接投资，选择并购或者新设投资；如果并没有区位优势，企业很可能选择在母国生产再进行出口。所以区位优势对于一个要进行对外直接投资的企业来说至关重要，区位优势解决了企业在哪里生产的问题。在实际的商务中，区位条件由母国和东道国的多种因素共同决定，这些因素包括了贸易障碍、政府政策、市场特征、劳动力成本、东道国生产力水平以及原材料的可获得性等。

区位优势又称区位的综合资源优势，即某一国家或地区在进行经济活动时的有利条件或优越地位。区位优势分为直接区位优势和间接区位优势。直接区位优势，是指东道国的某些有利因素所形成的区位优势，如广阔的产品销售市场、低廉的要素成本、政府的各种优惠投资政策等。销售市场的大小会影响企业的获利能力，一个广阔的拥有充足购买力的市场对企业来说是有诱惑力的，企业会尽可能地获得市场准入，充分开辟这样的市场；要素成本的低廉也影响到企业的竞争力，原材料和劳动力的低廉会直接影响企业生产产品所需成本，通过削减成本可以提高产品竞争力，使企业获利；政府的优惠投资政策可以更直接地影响企业竞争力，比如直接的税收优惠可以增加企业税后利润，同时也可以使企业销售的产品价格下降，使得企业在市场上更具竞争力。间接区位优势，是指由于母国和东道国某些不利因素所形成的区位优势，如某些商品出口运输费用过高、两国间存在难以逾越的贸易壁垒等。例如，一些商品可能富含价值较低，但体积较大，对这类商品如果采用出口方式就会变得不明智；同样，如果东道国提高市场准入门槛，出口对于企业来说不再是一个很好的选择。

Dunning（1995）认为也可以从与企业管理层级相关的优势和与企业联盟或经营网络相关的优势这两个方面来看母国和东道国的区位优势。与企业管理层级相关的优势包括：自然和人为创造的资源禀赋和市场的空间分布；投入品价格、质量和生产率，其中投入品包括劳动力、能源、材料、零部件以及半成品；国际运输和通信费用；投资的激励因素和抑制因素（包括绩效要求等）；对货物贸易人为设置的障碍（例如进口管制）；社会条款和基础设施条件（商业、法律、教育、交通和通信）；不同国家的思想、语言、文化、商业、政治等的差异；研发、生产和营销集中化产生的外部经济；经济制度和政府政策，即资源配置的制度框架。

与企业联盟或经营网络相关的优势则包含：由企业联盟产生的区位优势基本上来自不可移动的地方性互补资产的组合，当这些资产在企业联盟和经营网络框架内组织时，营造了一种能够刺激生产的工业氛围。商业区、工业园区或科技园区的范围和类型以及它们提供给参与公司的外部经济都是这种区位优势的例子。这些优势随着时间的推移可能会使外国子公司和跨国企业联盟以及经营网络更好地利用东道国具有比较优势的技术和组织优势。经营网络也有助于降低不完全市场中的信息不对称和机会主义的影响。

如果跨国公司能够产生和维持所有权优势，则其在国际竞争中的地位就得到了加强。但是由于交易市场失灵有时候会在特定国家存在，因此我们也需要考虑区位优势的影响。在这个意义上，Rugman（1981）也提到："内部化外生的区位不完善。"由此可见，区位优势与所有权优势、内部化优势紧密相关。

（四）国际生产折衷理论的综合分析、局限及发展

依据国际生产折衷理论，企业在选择生产形式时会考虑自身是否拥有所有权优势、内部化优势以及区位优势，并依据自身拥有优势的情况做出理性选择。具体的选择方式如表 5-1 所示。

表 5-1　不同优势企业的选择偏好

企业优势 / 选择模式	所有权优势	内部化优势	区位优势
许可证贸易	√	×	×
商品出口	√	√	×
对外直接投资	√	√	√

注："√"代表具有或应用某种优势；"×"代表缺乏或丧失某种优势。

结合表 5-1，应用国际生产折衷理论进行分析：首先，当一个企业仅具备所有权优势，不具有内部化优势和区位优势时，企业会选择转让无形资产来使其自身利益最大化，在实际商务活动中，转让无形资产的形式体现为许可证经营、特许经营等

形式；其次，如果一个企业在拥有所有权优势的基础上，又具备了内部化优势，则企业会选择出口或者说对外贸易的形式组织其生产活动；再次，只有一个企业同时具有所有权优势、内部化优势以及区位优势，它才会选择对外直接投资，也就是说对外直接投资要求企业同时具备三种优势。换句话说，是否具备区位优势决定了企业选择出口还是对外直接投资。在不具备区位优势的情况下，企业进行对外直接投资是不明智的，他国的直接或者间接区位优势可能会严重影响企业获利的能力。

国际生产折衷理论自提出以后，由于其广泛的应用范围和深远的影响力，得到了学界的重点关注，因此，各位学者针对国际生产折衷理论展开了深入的研究讨论，并提出了该理论存在的一些不足或局限，参照林季红（2007），我们将这些观点整理如下。

（1）所有权优势主要解释了企业为什么要进行跨国经营活动，为什么会有对外直接投资行为，而对跨国公司如何形成这些特定的优势和利用这些优势并没有进行很好的解释，因而被认为是静态的分析观点。

（2）内部化优势虽然解释了为什么在市场进行资源配置的情况下仍旧会出现企业，但这种理论忽视了企业管理和企业家精神在企业经营活动中的积极作用及其对企业投资战略选择的影响，只是把企业视作市场不完全和交易成本的被动反应者。

（3）国际生产折衷理论应更多考虑区位和制度因素对跨国公司经营战略的影响。尽管不同的跨国公司对区位的选择与其所具有的所有权优势和内部化优势紧密相关，但是东道国的政治、经济、法律及环境等因素依然会对跨国公司的经营战略产生重要影响。

（4）国际生产折衷理论没有足够重视金融因素的影响和作用。OLI 框架没有提出涉及金融优势的具体因素，没有明确说明跨国公司需要采取何种策略或者措施才能充分发挥金融优势，并且不够重视金融和汇率的变化对 FDI 决策的影响。

针对学界对 OLI 的讨论和批判以及 OLI 在实际运用中的进一步发展，邓宁也对国际生产折衷理论进行了多次修正：将“OIL 框架”更名为“OLI 框架”，将“国际生产折衷理论”更名为“国际生产折衷范式”等。Dunning（1988）回顾了之前几年直接针对国际生产折衷理论的批判，并重申了其三方面要义，给出了一系列国际生产折衷理论可能的扩展，并主张“它（国际生产折衷理论）依然是解释和分析经济生产的经济学基本原理以及与跨国公司活动有关的组织和影响因素的稳健、一般的框架”。Dunning（1998）通过分析国际商务中经济情况的改变对 FDI 区位选择和跨国公司活动的影响，指出过去两篇文章（Dunning，1977；Dunning，1988）提出的许多解释需要进行修正，因为公司层面特定的资产已经可以克服自然地理的边界在国际间进行流动，并对跨国公司在不同区位的生产价值链活动的交互进行了分析。

二、折衷理论在国际商务研究中的应用

国际生产折衷理论在国际商务研究中的应用集中体现在三个方面的文献。第一部分文献是针对国际折衷理论本身展开的讨论，分析该理论存在的局限和不足，并对该理论进行扩展和完善。Dunning（1995）进一步探讨了联盟资本主义的存在对跨国公司活动的影响，认为在企业、国家和市场边界越来越多元化时，OLI 范式需要进一步考虑由企业组织其企业间交易方式所产生的竞争优势，考虑大部分中间品市场日益增长的相互依赖性，以及扩大地区、区域和国家的资产组合来获取外部规模经济。该文提出 OLI 框架需要在三个方面进行修改。首先，为了维持和提升竞争优势，创新需要在企业和国家层面都得到更好的认可，并且应该意识到企业从事对外直接投资和跨境联盟是为了了解或获得国外的技术和市场，以及利用其现有的竞争优势。其次，OLI 范式需要更好识别减少市场失灵的策略，特别是那些与市场参与者的机会主义和信息影响力相关的策略，这些策略旨在减少地方性的市场失灵，将会有助于提高资本的创新竞争力。最后，当企业决策受到与其他企业的合作协议的显著影响时，该范式的传统假设（个体企业的能力限于其所有权界限，而且在所有权界限之外，影响企业竞争力与企业效率的因素是外生的）将不再成立。国内学者也对国际生产折衷理论进行了述评，并探讨其局限性和可能的理论发展因素。谢岷（1987）和阎建东（1994）对折衷理论进行了详细的述评，从国际生产折衷理论的由来、内涵以及基本的发展等方面对该理论进行了展开论述。林季红（2007）着重分析了国际生产折衷理论的局限性，并沿用林季红（2006）的观点，认为折衷理论应结合资源基础理论和网络理论，从动态化分析等方面得到进一步发展和完善。

第二部分文献在国际生产折衷理论的基础上，结合其他理论对跨国公司活动进行分析，丰富了国际生产折衷理论的内涵。Arnett 和 Madhavaram（2012）运用资源优势理论（the resource-advantage theory，R-A theory），拟定了五个标准，认为所有试图归纳概括（ground）得到国际生产折衷理论的其他理论都必须满足这五个标准，并指出竞争的 R-A 理论满足这五个标准。他们认为，尽管国际生产折衷范式的所有要素都是以具体的经济或组织理论为基础的，但主流经济学中关于竞争方面没有任何理论可以为其提供理论基础，因此根据邓宁的著作讨论总结出五个标准，并认为

R-A 理论为国际生产折衷范式提供了一个理论基础。第一，R-A 理论可以涵盖所有权优势、区位优势和内部化优势三个方面，并解释这些优势如何影响跨国公司的业绩。第二，R-A 理论认为资源是相对不可移动的，因此它解释了企业为何能够保持长期的资源优势。第三，它提出企业自身拥有的一些资源可跨越国界使用。第四，它认为企业受到外部环境因素的影响，这些因素可能因国家而异。最后，R-A 理论有助于解释国际生产折衷范式的动态演变。Buckley 和 Hashai（2009）提出了一个简化的一般均衡模型，基于新古典经济学文献的一些概念重组，将国际生产折衷理论中的国际化问题进行标准化，该模型能够同时分析跨国企业所有权优势、区位优势以及内部化优势的角色，并能够讨论三种优势的互动过程，使得国际生产折衷理论在具体的每一方面能够进行实证测试。第五，该决策模型在简化现实的同时，保留了宽松的潜在假设，并解释了企业国际化过程中区位选择和对子公司管理控制的难题；在同时出清技术和劳动力市场时，内生地解释了 FDI 是最大化企业家和工人总效用的运作模式。从国际生产折衷范式的模型化中能够得到启示：第一，相对劳动供给和劳动生产率对是否形成跨国公司的影响程度由两个因素进行调节，分别是对外国的相对依赖程度和市场对技术的分配效率；第二，所有权优势、内部化优势和区位优势是连续变量而不是二元变量，三者会相互抵消或者互相支持。

第三部分文献主要运用国际生产折衷理论具体分析实际商务活动中的现象。Stoian 和 Fiippaios（2008）使用国际生产折衷理论，分析和研究了希腊的对外直接投资事件。希腊企业利用所有权优势在海外进行扩张的案例，证明了邓宁的国际生产折衷理论是一个整体，而且是分析对外直接投资决定因素的重要理论框架。所有权优势通常情况下可以弥补企业在国外设立和经营分支机构的额外成本，而国内生产者则不需要面对这种额外成本。区位优势和内部化优势可以反映东道国商业环境体制方面的内容，较差的体制会增加企业的搜寻、谈判和执行成本，从而阻碍企业建立新的业务关系和启动新的交易；较好的体制则有利于东道国吸引外国直接投资。Cole et al（2007）则使用美国再保险公司的数据对国际生产折衷理论进行了测试，证明国际生产折衷理论适用于分析美国再保险行业，可以综合考量所有权优势、区位优势和内部化优势三方面的影响，更加全面地研究了美国再保险公司在全球市场中的国际化问题。这项研究把国际生产折衷理论引入服务业，说明了国际生产折衷理论可以运用到特定服务行业中去，扩大了国际生产折衷理论的使用范围。Putten（2004）以飞利浦公司作为研究主体，运用邓宁的国际生产折衷理论，研究了飞利浦公司在中国台湾地区的直接投资行为。国际生产折衷理论表明，在 20 世纪 60 年代，飞利浦公司在考虑对中国台湾这样的地区进行投资的时候，区位优势要比所有权优势和内部化优势更重要。中国台湾的区位优势在于廉价劳动力的可用性，且与日本和中国大陆的距离较近。该研究具体分析了飞利浦投资在中国台湾的 OLI 模式的相关性，进一步表明国际生产折衷理论在研究企业对外直接投资时的重要性。Pak 和 Beldona 使用国际生产折衷理论，研究了潜在的国际特许经营者进入模式的选择（Jones，2004）。他们发现跨国公司的母国来源是一个重要的决定因素，比如英国公司更倾向于参股，而美国公司选择公平合约。此外，关于国际生产折衷理论在国际商务方面运用的研究还有很多（Mudambi et al，2004），例如邓宁和克利夫（Cliff Wymbs）扩展了国际生产折衷理论框架，将电子商务的发展纳入其中；Benito 和 Tomassen 运用国际生产折衷理论框架系统地分析跨国公司业绩；Piscitello 对意大利银行业的全球化采用国际生产折衷理论进行了研究等。国际生产折衷理论在我国商务研究中的实践应用具体体现在运用该理论分析我国企业对外直接投资的优势和策略。谢岷（1986）根据国际生产折衷理论具体分析了我国对外直接投资所具备的三方面优势，尤其是所有权优势；杨增雄和唐嘉庚（2004）利用国际生产折衷理论分析我国对外直接投资应该注意的因素并提出相应的建议；汪建成和毛蕴诗（2007）基于国际生产折衷理论，同时考虑企业外部环境和内部因素的影响，对跨国公司寻求一体化—当地化均衡的战略选择进行分析。

三、本章小结

尽管国际生产折衷理论在 20 世纪 70 年代就已提出，但是直到今天，国际生产折衷理论在跨国公司和国际商务研究方面的运用依旧十分广泛，具有很强的生命力。值得一提的是，国际生产折衷理论的三大支柱（所有权优势、内部化优势、区位优势）并不是相互独立的，所有权优势事实上来自内部化优势，同时也不可避免地受到区位因素的影响。在分析实际问题时，我们不能孤立地使用一种优势去验证国际商务活动中的企业行为。此外，国际生产折衷理论虽然对于分析国际直接投资有很大的指导作用，但也应注意到该理论本身依然存在一些局限性和不足，有待进一步完善和发展。

参考文献

[1] D B Arnett, S Madhavaram, T Brashear. Multinational Enterprise Competition: Grounding the Eclectic Paradigm of Foreign Production in Resource-Advantage Theory[J]. Journal of Business & Industrial Marketing, 2012, 27（7）: 572-581.

[2] Buckley, J. Peter, Niron Hashai. Formalizing Internationalization in the Eclectic Paradigm[J]. Journal of International Business Studies, 2009, 40（1）: 58-70.

[3] C R Cole, K A Mccullough. A Test of the Eclectic Paradigm: Evidence from the Us Reinsurance Market[J]. Journal of Risk and Insurance, 2007, 74（2）: 493-522.

[4] J H Dunning. The Eclectic Paradigm of International Production - a Restatement and Some Possible Extensions[J]. Journal of International Business Studies, 1988, 19（1）: 1-31.

[5] J H Dunning. Reappraising the Eclectic Paradigm in an Age of Alliance Capitalism[J]. Journal of International Business Studies, 1995, 26（3）: 461-491.

[6] S R H Jones. Extending the Eclectic Paradigm in International Business[J]. Business History, 2004, 46（2）: 313-14.

[7] R Mudambi, J Cantwell, R Narula. International Business and the Eclectic Paradigm: Developing the Oli Framework[J]. Journal of International Business Studies, 2004, 35（5）: 456-458.

[8] C Stoian, F Filippaios. Dunning's Eclectic Paradigm: A Holistic, yet Context Specific Framework for Analysing the Determinants of Outward Fdi Evidence from International Greek Investments[J]. International Business Review, 2008, 17（3）: 349-367.

[9] F P Van der Putten. Corporate Governance and the Eclectic Paradigm: The Investment Motives of Philips in Taiwan in the 1960s[J]. Enterprise & Society, 2008, 17（3）: 349-367.

[10] 林季红 . 国际生产折衷理论的局限及进一步发展的新视角 [J]. 国际贸易问题，

2007（9）：93-107.

[11] 林季红．试论国际生产折衷理论的发展 [J]. 中国经济问题，2006（4）：25-31.

[12] 汪建成，毛蕴诗．跨国公司全球战略——基于国际生产折衷理论的整合与拓展 [J]. 国际经贸探索，2007（8）：60-64.

[13] 谢岷．国际生产折衷理论述评 [J]. 国际贸易问题，1987（5）：33-37.

[14] 谢岷．国际生产折衷理论与我国发展对外投资的相对优势 [J]. 世界经济，1986（10）：55-59.

[15] 阎建东．邓宁国际生产折衷理论述评 [J]. 南开经济研究，1994（1）：57-61.

[16] 杨增雄，唐嘉庚．国际生产折衷理论的发展及对我国对外直接投资的启示 [J]. 对外经济贸易大学学报，2004（3）：46-50.

C H A P T E R 6

第六章

制度理论及其在国际商务研究中的应用

本章将对制度理论的基本内容及其发展进行详尽阐述，并介绍其在国际商务研究中的主要应用。无论是较早的垄断优势理论、内部化理论、国际生产折衷理论还是后期兴起的资源基础理论，均采用的是“封闭系统研究模式”，认为组织是一个封闭系统，几乎不考虑或者较少考虑外部因素对组织运行的影响（吴小节等，2015）。但是随着全球化进程的加深，外部政治、经济、技术、文化等环境多样性和不确定性在不断增强，相关领域的研究进入了“开放系统研究模式”（吴小节等，2015），强调环境对企业或组织的影响，并逐渐形成了资源依赖理论、制度基础理论等理论学派。在发展过程中，制度理论被划分为经济学派和组织管理学派。但无论对哪个学派而言，“同构性”（isomorphism）与“合法性”（legitimacy）是制度理论中的两个核心概念，通过这两个概念可以得出制度理论的基本逻辑：为了获取“合法性”，企业会在强制同构、模仿同构和规范性压力的作用下，其组织结构和行为模式会逐渐变得相同或更为相似，即使这种相同的结构和模式并不利于企业经济效益的提高（Scott，1995；Meyer and Rowan，1977）。近年来，制度理论被广泛应用于国际商务研究当中，通常与资源基础理论、委托代理理论、交易成本理论等相结合，对跨国企业的进入模式和经营发展等问题进行探讨。

一、制度理论

（一）制度理论的定义

North（1990）将制度定义为：人为设计的，限制人们之间互动的因素。制度分为：正式制度和非正式制度。正式制度始于人们对社会问题的解决方案，随着这种解决方案不断扩展成文、标准化，对随后的社会行为产生影响（Tolbert and Zucker，1996）。正式制度是明文规定的规章制度，它对人们的日常行为规范进行强制性的约束（North，1990）。通过实施权威性的行为指导方针，正式制度保证了社会的正常运行和稳定发展（Scott，1995）。正式制度主要包括经济制度、政治制度、劳动保障制度、规章条例等。非正式制度并不是明文规定的规章制度，而是形成于人们长期的社会交往过程中，是共同分享的社会意识形态或共同恪守的行为准则，它刻画了一个社会个体间的凝聚力和协调性。通常而言，非正式制度主要包括文化、行为规范、行为准则、风俗习惯、价值观等。其中，文化反映了一个社会共享的价值标准和非明文规定的意识形态，能够很好地代表一个国家的非正式制度（North，1990；Peng et al，2008）。文化是一个群体的成员长期交往过程中所形成的创新性可传承的思想、认知、判断和行为等（Fu et al，2004）。文化具有可持续性和黏性，其发展变化的速度相对缓慢，它深入人们的意识形态，刻画了人们的价值判断标准。进一步的研究表明，非正式行为如腐败反映出一个国家的非正式制度在极大程度上会影响人们对机会的认知和利用（Webb et al，2009）。North（1990）提出，即使在发达国家，正式制度只是制度限制中的一小部分，非正式制度才是普遍存在于日常生活与生产中的约束因素。

在制度理论中，有两个重要的概念影响着企业的形成、结构以及行为模式。

首先，“同构性”（DiMaggio and Powell，1983）是制度理论中解释组织或企业行为的一个关键概念之一，是指在制度约束或指导作用下，企业在组织结构以及行为方式上趋于相同或相似的过程。同时，根据同构机制的动因不同，DiMaggio 和 Powell（1983）的研究将制度压力下的“同构”机制归纳为三类：第一种为“强制同构”（coercive isomorphism），即“组织外部具有权威或者强制力的重要机构会强迫组织采用某种结构或者行为模式”。如果组织不遵从这种制度安排，那么就会遭受到一定的损失（陈嘉文和姚小涛，2015）。第二种为“模仿过程”（mimetic process），即为了降低风险或提高生存率，组织会分析并模仿其他成功组织的行为（陈嘉文和姚小涛，2015）。第三种为“规范性压力”（normative pressure），指社会规范会产生共享观念或思维方式，组织在专业知识的形成及推广中逐渐接受这些社会规范或思维方式，并趋于相同（陈嘉文和姚小涛，2015）。

其次，“合法性”（有时译为“正当性”）这一概念也极为重要，是制度理论的核心概念。Meyer 和 Rowan（1977）将正当性视为企业遵循合理规范的结构选择逻辑，企业的行为或者战略选择应当遵从制度的要求，应当是对制度规则的反应，因此企业的种种行为与决策很有可能是为了获得制度正当性，而并非提升效率（陈立敏等，2016）。Kostova 和 Zaheer（1999）将正当性定义为环境对组织的接受程度，企业的行为与社会制度规范高度相符，并被各利益相关者视为正确可取、合理合情的。“合法性”的获取和维持是企业形成和行为决策的重要条件，同时也是关系到企业生存发展的关键因素（陈立敏等，2016）。

综合“同构性”与“合法性”两个概念，可以得出制度理论的基本逻辑：为了获取“合法性”，企业会在强制同构、模仿同构和规范性压力的作用下，其组织结构和行为模式会逐渐变得相同或更为相似，即使这种相同的结构和模式并不利于企业经济效益的提高。Scott（1995）指出组织系统的形成并非仅仅得益于经济最优化的选择，同时也受社会制度力量的影响，制度因素使得组织更为相似。因而，制度理论学者认为个体的行为并不总是只受个人利益最大化目标的驱使，在强制、模仿和规范的制度压力下，个体行为选择经常会更多出于“合法性”的考虑（冯天丽和井润田，2009；陈嘉文和姚小涛，2015）。当企业的经营范围由国内市场转向国际市场时，企业要面对的不仅是在母国的“合法性”，同时也包括来自东道国对于“同构性”与“合法性”的制度压力。

此外，制度也会随着外界的变化而发生变迁（林花，2014）。人口、资源、技术和人们主观意识的变化导致人与人之间的相互关系发生变化，人们便对正式制度提出新要求，以便更好地为日常生活、市场交易行为提供更有效的保障（Oliver，1992；Greenwood et al，2002）。DiMaggio（1988）就提到虽然正式制度的发展变化较为缓慢，但是正式制度的可塑性更强。Ahmadjian 和 Robinson（2001）的研究就表明日本企业受到外界经济压力和社会制度性压力才开始实施终身聘用制。正式制度的变化也会带动价值观和社会行为准则的变化。例如，Davis et al（1994）的研究就发现，美国正式制度环境的变化削弱了美国民众的集体意识。但是非正式制度的变迁却是持久而漫长且复杂的过程（Meyer and Rowan，1977）。

（二）制度理论的发展与流派

过去人们往往忽略了制度在保障企业运行方面的基础作用（Kogut，2003）。过去人们总是将制度视为“外生变量”，认为它并不会对市场运行状况、企业的行为产生直接影响。这主要跟已有的理论都是建立在发达国家的经济基础之上有关。发达国家稳定的市场环境和完善的制度框架，容易让人们忽略制度的重要性，而把重点放在产业和企业自身资源上（Peng et al，2008）。但是纵观整个世界，每个国家的政治、经济、文化存在极大的差异，即使同样是发达国家，也存在市场竞争框架的不一样（Whitley，1994；Hall and Soskice，2001；Lewin and Kim，2004；Redding，2005；Ring et al，2005），特别随着越来越多的企业包括发展中国家的企业加入到对外直接投资浪潮中，人们的这个意识也愈加强烈，人们开始发现运用已有的理论已经不能对所有企业的跨国直接投资行为做出全方位的解释，而制度基础理论的出现为该领域的研究提供了新的视野。

过去30年由经济学家（North，1990；Williamson，1975，1985）和社会学家（DiMaggio and Powell，1983；Meyer and Rowan，1977；Scott，1987，1995，2008）共同掀起了一场新制度主义浪潮。Meyer和Rowan（1977）以及Zucker（1987）的研究标志着新制度主义的兴起，制度理论受到学者们的关注并给予广泛关注。自此后，制度环境被认为对组织的结构与行为具有重要的影响作用：在对企业的组织结构与行为进行研究时（DiMaggio and Powell，1983），通常认为企业的同构化，或者对企业自主行为的限制，是由制度要素造成的（Heugens and Lander，2009）。

随着研究的不断深入，制度理论逐渐形成了两个理论流派。一是以North（1990）为代表的经济学流派，更关注不同制度选择的效率性。经济学视角的制度基础理论主要关注制度对经济行为和企业活动的影响，即企业如何在既定的社会框架下寻求效用最大化的目标（林花和王钰，2016）。二是以Scott（1995）为代表的组织社会学派，更关注制度选择的合法性机制和制度构建本身。社会学家Scott（1995，p33）将制度定义为由管制、规范、认知结构和行为构成的制度，它为社会行为提供了稳定性，并阐释了社会行为的意义。社会学视角的制度基础理论是企业应在社会系统范围内提供人们所认可和期望的行为以获取合法性（蓝海林等，2010；林花，2014）。两者的不同在于，在经济学视角下，制度是由正式制度与非正式制度组成的；而在组织社会学视角下，制度理论是由管制制度、规范制度和认知制度组成的。虽然经济学视角下的制度基础理论与组织社会学视角的制度基础理论对制度的分类及研究出发点稍有不同（林花和王珏，2016），但是Peng（2003）曾指出，上述两者观点在解释企业行为时起到相辅相成的作用，管制维度可以归纳到正式制度中，规范和认知维度可以归纳到非正式制度中。企业的行为受到正式制度和非正式制度的共同约束，当正式制度存在缺陷，不能为企业提供全方位保障时，非正式制度在降低风险、提供保障和赋予合法性方面发挥着巨大的作用（Peng et al，2009）。

二、制度理论在国际商务研究中的应用

人们很早以前就开始关注企业的外部“环境”，但是主要关注的是“作业环境”（task environment），即经济变量例如市场需求、技术发展等（Dess and Beard，1984）。直到20世纪90年代，人们还是很少将制度纳入到组织的分析框架中（Narayanan and Fahey，2005），总是习惯性地将“市场基础的制度框架”中的正式制度和非正式制度当作“背景因素”。但是随着世界各国经济交流的不断深入以及研究领域的不断扩大和创新，人们发现忽略了制度因素将难以全面、系统地解释发达国家企业的战略行为（Clougherty，2005；Oliver and Holzinger，2008；Scott，2008），而且这在研究发展中国家的OFDI行为时表现得更加明显（Lau and Bruton，2008）。企业在实施对外直接投资行为的同时也嵌入到东道国特定的社会环境中，这种嵌入既包括空间实体上的嵌入也包括社会网络关系的嵌入。在此我们首先探讨空间实体上的嵌入，社会网络结构上的嵌入将在之后的“社会网络理论”环节进行深入探讨。“空间实体上的嵌入”指的是企业在空间上嵌入到一个特定的区域中，在该区域特定的社会规章制度、法律条款、文化价值的制度框架下进行生产经营，并受其影响。将制度基础理论运用到跨国直接投资领域，能够为该领域的研究提供一个更为丰富的理论基础，拓宽研究视角。

制度基础理论在跨国公司投资领域的运用主要体现在以下几个方面：①研究东道国制度的三个维度（管制维度、规范维度和认知维度）或东道国与母国在这三个维度上的制度距离对跨国公司自身特性产生的影响（如Busenitz et al，2000；Eden and Miller，2004）；②探讨在东道国既定的制度环境下，跨国公司与“外来者劣势”“合法性”之间的关系，如“外来者劣势”造成的后果，跨国公司克服“外来者劣势”的战略选择（Kostova and Zaheer，1999；Lawrence et al，2002；Levy and Egan，2003；Mezias，2002；Miller and Richards，2002）；③制度环境对跨国公司进入模式选择、合作伙伴的选择与发展战略决策（如多元化发展还是专业化发展）的影响（Davis et al，2000；Kogut et al，2002；Lu，2002；Hitt et al，2004；Child and Tsai，2005；Dacin，Oliver，and Roy，2007）；④跨国公司应对东道国制度变化或在

转型经济体投资经营时的战略抉择（Whitley and Czaban，1998；Hoskisson et al，2000；Newman，2000；Peng，2000，2002，2003；Roth and Kostova，2003；Wright et al，2005）。

（一）跨国投资进入模式

早期的研究表明（Brouthers and Bamossy，1997; Kaufmann et al，1999），东道国烦琐的规章制度（regulation institution）赋予政府对组织行为过度的监管权，降低了组织的自主性，这极大地削弱跨国公司对该国的直接投资意愿。Buckley et al（2007）在研究中国企业对外直接投资时，明确提出企业对外投资的动机和能力取决于母国的各种制度因素。目前，国内对制度基础理论的运用还不够全面系统，将其运用到中国企业 OFDI 股权进入模式选择上的优秀文献较为缺乏，绝大多数文献将其用于解释中国企业“走出去”的影响因素和区位选择问题，在区位因素方面，现有研究主要采用邓宁的国际生产折衷理论中的区位优势以及制度基础理论对企业国际投资地区选择进行解释和研究。Daude 和 Stein（2008）谈论制度质量对双边 FDI 的影响，他们发现法律的不可预测性、监管与政策、过度监管负担、政府不稳定、缺乏承诺等方面的不足是阻碍 FDI 流入的重要的制度因素。阎大颖（2013）考察了跨国公司不同价值链对外直接投资的分布及其决定因素，其研究结果表明，东道国市场潜力、廉价劳动力、自然资源和战略资产禀赋均对吸引外资有较大影响；另外，东道国经济制度质量对跨国公司对外直接投资区位选择决策作用明显。王永钦、杜巨澜和王凯（2014）研究了东道国不同制度维度，包括东道国话语权与问责制、政府稳定、政府效率、监管质量、法制水平、腐败控制这六类制度因素，对中国 OFDI 区位选择的影响。邱立成和杨德彬（2015）区分了国有企业和民营企业 OFDI 的区位选择特征，研究结论发现国有企业 OFDI 对东道国政治风险并不敏感，甚至倾向于进入政治风险较高的国家，而民营企业 OFDI 则有很强的风险规避意识，倾向于进入政治稳定的国家。宗芳宇等（2012）的研究表明双边投资协定能够促进企业到签约国投资，且双边投资协定能够替补东道国制度缺位，利于促进企业到制度环境交叉的签约国进行投资。针对有研究认为中国 OFDI 没有流向制度质量更高、风险更低的区域，杨娇辉等（2016）的研究进行了回答，他们提出中国企业 OFDI 区位分布所谓的“制度风险偏好”并不是绝对的，当控制东道国资本密集度与资源丰富程度后，“制度风险偏好”消失。齐晓飞（2017）从母国制度的角度对中国企业的国际化进行了解释。

企业 OFDI 进入模式的选择既受到母国制度的影响又受到东道国制度的影响。Liu et al（2008）就提到我国企业对外直接投资过程中既受到我国政府政策支持的正面影响，也受到国内制度环境缺陷的负面影响。因此国内制度环境对我国企业 OFDI 进入模式决策的影响方向是不确定的（Cui and Jiang，2010）。企业的所有权性质作为社会经济制度的一个重要方面，被认为是基于母国社会体制基础之上的一个重要制度特征。一方面，“国有制”本身作为企业的一个头衔，就能够为企业带来母国政府的诸多支持，以弥补企业进行对外直接投资所缺少的专有优势（Luo et al，2010；Rugman and Li，2007）。但是另一方面“国有制”也会给企业带来不利影响，如张建红等（2010）的实证研究就证明，在其他条件等同的情况下，国有制并不利于我国企业海外收购的顺利完成。当国有企业进行国际化时，其在国内对于母国政府的“资源依赖”却使得国有企业受到东道国政府“格外关注”：东道国政府通常认为国有企业的对外投资是具有双重动机的（经济动机和政治动机）（邱立成和杨德彬，2015）。因而，对母国政府高度依赖的企业形式通常会引起东道国政府的高度警惕和担忧。中国国有企业不仅仅被东道国认作一个单纯的经济体，同时也是一个母国政府控制的“政治体”，因此国有企业的国际化行为常常处在东道国监管机构的严密管制之下，特别是在可能对当地经济产生影响的方面（Cui and Jiang，2012）。这无疑会使得国有企业在东道国的投资和经营举步维艰，“国有”色彩而导致失败案例也屡见不鲜，例如中海油并购美国石油企业优尼科，中国铝业收购澳大利亚力拓公司，最终都以失败而告终。

东道国正式制度对企业对外直接投资股权模式选择的影响具有不确定性。虽然越来越多的国家正在逐渐减少对外商直接投资的直接限制，但是其他形式的歧视性政策仍然存在（Meyer et al，2009）。已有的研究认为东道国正式制度中的这种风险会对跨国公司进入该国市场的模式选择产生影响。Kwon 和 Konopa（1993）在研究美国跨国公司时发现，东道国市场制度方面的风险越大，企业采用高控制程度进入模式的可能性也就越大，虽然这种影响不及东道国市场竞争强度的影响大。Pak 和 Park（2004）也发现当东道国的政策越不稳定，法律制度越不完善，跨国公司选择高控制的进入模式（比如独资）的可能性就越大。而 Meyer et al（2009）的研究则发现，东道国的市场支持政策越不健全，在发展中国家直接投资的跨国公司为了便于市场资源的获取，选择建立合资子公司的可能性就越高，但是随着市场政策的不断完善，采用并购或独资方式的可能性提高。薛求知和韩冰洁（2008）的研究也表明，东道国国家层面感知腐败、产业层面感知腐败反而会提高跨国公司选择合资

（控股或非控股）进入模式的可能性。蓝海林等（2010）通过构建理论模型，提出相应的命题：东道国政府限制性政策越强劲，跨国公司所选择的进入模式控制程度、股权投资比例和资源承诺水平也就越低。以上研究表明，东道国制度环境对跨国子公司进入模式存在影响，只是影响方向不确定，不过还有部分文献的研究结果表明，东道国的制度环境对跨国公司股权进入模式不产生直接影响。如 Burgel 和 Murray（2000）通过调查研究英国高新技术产业国际化的进入模式，证实东道国的正式制度不会对其产生影响。张建红和周朝鸿（2010）的实证研究也表明，东道国的制度环境对中国企业成功实施海外收购的直接影响并不显著。杜晓君等（2017）认为东道国政策风险是影响跨国企业海外市场进入模式选择的关键因素，中国跨国企业倾向于选择独自模式进入政策风险的东道国。但是，朱华（2017）的研究结果表明东道国政治风险和政治差异等因素并未对企业竞购规模决策产生显著影响。

东道国非正式制度对企业海外市场进入模式选择的影响方向也比较模糊。企业进行跨国直接投资时，必须面临东道国多样化的非正式制度“同构压力”，特别是文化层面的“融合”（Mezias et al，2002；Yiu and Makino，2002）。因此学者们通常会用东道国和母国之间的非正式制度距离，特别是用文化距离来考察其对跨国公司对外直接投资进入模式的影响。东道国和母国之间的非正式制度距离过大会增加企业经营的成本和风险，因此绝大多数的跨国公司不会选择独资的方式（Erramilli，1991；Hennart and Larimo，1998；Yiu and Makino，2002；Duarte and Garcı´a-Canal，2004；Jung，2004；黄速建和刘建丽，2009；蓝海林等，2010；Cui and Jiang，2012），如 Puck et al（2009）通过研究在华跨国公司进入模式的转变，发现当母国与中国之间的文化距离较大时，跨国公司并不会实施独资化。但是也有学者（Luo，2001）在研究在华跨国公司进入模式的选择时发现文化距离对其没有影响，甚至有少部分学者的实证研究表明文化距离会促使企业选择高控制程度的进入模式，比如独资（Padmanabhan and Cho，1996；Anand and Delios，1997）。黄凌云等（2014）研究了东道国的文化特征以及两国间文化距离对企业进入模式的影响，研究结果表明面对权利距离越高，在个人主义、不确定性规避、和谐主义越低的文化环境中，企业越倾向于选择绿地投资的方式进入；东道国与中国的文化差异越大，企业越倾向于选择兼并收购的进入方式。

此外，当东道国的制度发生变迁时，跨国公司是否会调整战略模式以适应环境的变化，这也是近年来一个重要的研究主题。Peng 和 Heath（1996）以及 Peng（2003）的研究就表明，在转型经济体投资时跨国公司倾向采用并购的方式进入东道国，之后的研究进一步证实了该结果。Xia et al（2009）探讨了当中欧和东欧转型经济体由中央计划经济转变为市场经济时，美国跨国公司采用并购进入模式的概率会提高。这是因为原先东道国施行的中央计划经济没能为企业提供巨大的空间去实施和部署自身的发展战略，但是一旦东道国发展市场经济，企业的自主权提高，跨国公司即可通过跨国并购的方式将母公司的知识、技术、规章制度全部转移到海外子公司，实现内部一体化。

以上所提到的文献考察的基础是制度对海外进入模式的直接影响，但是近年来学者们开始注意到在不同情境下制度所起的作用也不一样，由此导致了研究结果的不一致，甚至出现了相互矛盾的结果。换言之，制度对影响企业海外市场进入模式的因素还存在间接的调节作用，或是制度对企业海外市场进入模式的影响还受到其他因素的调节，如考察在发展中国家投资的跨国公司在面临不同的制度环境、不同的资源需求（有形资产和无形资产）时所做出的进入模式选择（并购 / 绿地投资 / 合资），具体而言，当东道国的制度环境较差时，以获取无形资源为主要目的的跨国公司会选择合资的方式，而当东道国的制度环境较好时，他们更可能采用并购的方式（Meyer et al，2009）。薛求知和韩冰洁（2008）研究在新兴市场国家投资的跨国子公司时，发现东道国腐败程度对跨国公司进入模式战略的影响会受到跨国公司进入东道国战略动机的调节。而 Cui 和 Jiang（2012）的实证研究也表明母国的调控制度、东道国的调控制度、非正式制度对中国企业对外直接投资股权进入模式的影响会受到投资主体所有权性质（是否是国有企业）的调节。

（二）跨国公司经营发展

制度对跨国公司的经营管理产生重要影响，包括对跨国企业人力资源管理的影响（Rosenzweig and Nohria，1994）、对跨国运作的外汇交易绩效的影响（Zaheer，1995）、对子公司生存的影响（Barkema et al，1996）、对整体绩效的影响（Morosini et al，1998），等等。早前的研究主要关注文化距离对跨国子公司发展的影响，通常认为文化距离会对子公司的发展产生负向影响。如 Barkema et al（1996）的研究发现，与东道国文化差异大的外资企业更有可能被撤资或者解体。Luo 和 Peng（1999）对 108 家在华外资企业的研究发现，文化距离与外资企业的绩效呈现显著的负相关关系，但是也有研究发现它们之间存在正相关关系或不存在关系。Park 和 Ungson（1997）研究 186 家合资子公司的解散行为，认为文化差异并没有直接的影响，美日合资企业的寿命甚至要长于美国企业。Morosini et al（1998）在对 52 项跨国兼并项目的研究中发现，文化差异与兼并后的绩效呈显著的正相关关系。尹忠明（2013）阐述了文化距离对中国跨国企业绩效存在直接影响，且对于不同绩效目标的影响存在差异，文化距离会负作用于企业的财务绩效，而对于企业的非财务绩效的直接影响却是正向的，但是该文献没有利用相关数据加以证明。通过对以上文献的回顾，不难发现文化差异对于跨国公司绩效的影响结果并不一致，可能的原因是文化距离与跨国子公司经营发展之间的关系还受到其他因素的影响。Li et al（2013）的研究表明和谐主义和不确定性规避与企业风险负相关，个人主义与企业风险正相关，将企业风险与国家文化结合起来。赵龙凯等（2014）研究了出资国文化特征与合资企业经营风险之间的关系，结论表明出资国文化特征中的和谐主义与不确定性规避会显著降低企业风险，个人主义则显著增加企业风险；同时，出资国与中国的文化冲突会显著降低合资企业的风险。

Mudambi 和 Navarra（2002）提出东道国和母国之间的制度距离提高了跨国直接投资的风险，增加了跨国经营的成本，不仅影响着跨国公司进入东道国之前的进入模式战略决策，也会对进入之后的绩效产生影响。但是他们却没有系统的检验制度距离的影响机制。潘镇等（2008）在对我国制度进行分类的基础上，以 2 000 余家在华的外资企业为样本，分析了制度距离对于外资企业生存的影响，研究表明，投资国和中国的制度距离越大，外资企业所面临的经营风险就越大，遭受失败的可能性就越大；而在各种制度因素中，企业管理制度距离和法律制度距离的影响最为显著，企业运行制度距离和文化距离居中，而经济制度距离的影响最薄弱；同时，制度距离越大，合资和独资的绩效表现差异就越大，但是合资企业遭受失败的可能性更高。Gugler（2012）提出母国的制度环境同样会对海外子公司的绩效产生影响，完善的母国制度环境不会对企业的对外直接投资设置过多的限制，比如对于资金流动的控制，母公司就能够随时为子公司的发展提供必要的资金支持，进而对其财务指标产生影响。

结合国内外的研究现状，本章发现已有研究关注制度与海外子公司在东道国经营发展的关系，包括对跨国企业人力资源管理的影响，对跨国运作的外汇交易绩效的影响，对子公司生存的影响，对整体绩效的影响，但未有研究关注制度对我国海外子公司绩效的影响，更没有将制度基础理论同社会网络理论相结合，探讨制度通过海外子公司的社会网络关系影响其绩效的路径机制。因此结合进入模式、社会网络关系和制度，研究它们对我国海外子公司绩效的影响具有重要的实践和理论意义。

三、本章小结

本章详细阐述了制度基础理论的基本内容，重点回顾了制度基础理论在国际商务领域的运用，特别是制度基础理论在跨国公司制定进入模式战略和跨国公司的经营管理战略中的运用，结果发现，传统跨国直接投资理论，虽然也提到东道国的制度环境因素，认为当东道国的制度环境不完善意味着产权保护制度不健全、对知识产权的保护不到位，极易导致企业技术知识的流失，此时技术基础越强的企业，选择独资的可能性越大，而东道国的制度环境较完善，技术基础越强的企业选择合资的可能性越大。但是不难看出它们只是将东道国的制度环境视为造成市场不完全性的一个因素，为了克服这个不完全性，它们采用内部化的形式保护自身的专有优势。而制度基础理论除了将制度视为造成市场不完全性的一个因素之外，更加关注企业在面临东道国特定制度环境时，如何通过选择合适的进入模式以降低或消除“制度的同构压力”，快速融入东道国的制度环境中，因此制度基础理论更加关注企业如何通过有效途径实现与东道国制度环境的“大融合”。

参考文献

[1] C L Ahmadjian, Robinson. Safety in Numbers: Downsizing and the Deinstitutionalization of Permanent Employment in Japan[J]. Administrative Science Quarterly, 2001, 46（4）: 622-654.

[2] J Anand, A Delios. Location Specificity and The Transferability of Downstream Assets to Foreign Subsidiaries[J]. Journal of International Business Studies, 1997, 28（3）: 579-603

[3] H Barkema, J Bell, I Pennings. Foreign Entry, Cultural Barriers, and Learning[J]. Strategic Management Journal, 1996, 17（2）: 151-166.

[4] K D Brouthers, G J Bamossy. The Role of Key Stakeholders in the International Joint Venture Negotiations: Case Studies from Eastern Europe [J]. Journal of International Business Studies, 1997, 28（2）: 285-308.

[5] O Burgel, G C Murray. The International Market Entry Choice of Start-up Companies in High-technology Industries[J]. Journal of International Marketing, 2000, 8（2）: 33-62.

[6] L W Busenitz, C Gomez, J W Spencer. Country Institutional Profiles: Unlocking Entrepreneurial phenomena[J]. Academy of Management Journal, 2000, 43: 994-1003.

[7] J Child, T Tsai. The Dynamic Between Firms' Environmental Strategies and Institutional Constraints in Emerging Economies: Evidence from China and Taiwan[J]. Journal of Management Studies, 2005, 42（1）: 95-125.

[8] J Clougherty. Antitrust Holdup, Cross-national Institutional Variation, and Corporate Political Strategy Implications for Domestic Mergers in a Global Context[J]. Strategic Management Journal, 2005, 26（8）: 769-790.

[9] L Cui, F Jiang. State Ownership Effect on Firms' FDI Ownership Decisions Under Institutional Pressure: A Study of Chinese Outward-investing Firms [J]. Journal of

International Business Studies, 2012, 43（3）: 264-284.

[10] L Cui, F Jiang. Behind Ownership Decision of Chinese Outward FDI: Resources and Institutions[J]. Asia Pacific Journal of Management, 2010, 27（4）: 751-774.

[11] M T Dacin, C Oliver, J Roy. The Legitimacy of Strategic Alliances: An Institutional Perspective[J]. Strategic Management Journal, 2007, 28（2）: 169-187.

[12] G F Davis, K A Diekmann, C H Tinsley. The Decline and Fall of the Conglomerate Firm in the 1980s: the Deinstitutionalization of an Organizational Form[J]. American Sociological Review, 1994, 59: 547-570.

[13] P S Davis, A B Desai, J D Francis. Mode of International Entry: An Isomorphism Perspective [J]. Journal of International Business Studies, 2000, 31（2）: 239-258.

[14] G G Dess, D Beard. Dimensions of Organizational Task Environments[J]. Administrative Science Quarterly, 1984, 29（1）: 52-73.

[15] P J Dimaggio, W W Powell. Institutional Isomorphism and Collective Rationality in Organizational Fields[J]. American Sociological Review, 1983.

[16] P J Dimaggio. Interest and Agency in Institutional Theory [J]. Institutional Patterns and Organizations: Culture and Environment, 1988: 3-22.

[17] L Eden, S Miller. Distance Matters: Liability of Foreignness, Institutional Distance and Ownership Strategy[A]. New York: Elsevier. 2004.

[18] M K Erramilli. The Experience Factor in Foreign Market Entry Behavior of Service Firms[J]. Journal of International Business Studies, 1991, 22（3）: 479-501.

[19] P P Fu, J Kennedy, J Tata, G Yukl, M H Bond, T K Peng, E S Srinivas, J P Howel, L Prieto, P Koopman, J J Boonstra, S Pasa, M F Lacassagne, H Higashide, A Cheosakul. The Impact of Societal Cultural Values and Individual Social Beliefs on the Perceived Effectiveness of Managerial Influence Srategies: A Meso Approach[J]. Journal of International Business Studies, 2004, 35: 284-305.

[20] R Greenwood, R Suddaby, C Hinings. Theorizing Change: the Role of Professional Associations in the Transformation of Institutionalized Fields [J]. Academy of Management Journal, 2002, 45: 58-81.

[21] K Gugler, E Peev, E Segalla. The Internal Workings of Internal Capital Markets: Cross-Country Evidence [J]. Journal of Corporate Finance, 2012, 20: 59-73.

[22] P A Hall, S David. Varieties of Capitalism: The Institutional Foundations of Comparative Advantage[M]. Oxford: Oxford University Press, 2001.

[23] J F Hennart, J Larimo. The Impact of Culture on the Strategy of Multinational Enterprises: Does National Origin Affect Ownership Decisions? [J]. Journal of International Business Studies, 1998, 29（3）: 515-538.

[24] P P M A R Heugens, M W Lander. Structure! Agency! (And Other Quarrels): A Meta-Analysis of Institutional Theories of Organization [J]. Academy of Management Journal, 2009, 52（1）: 61-85.

[25] M A Hitt, D Ahlstrom, M T Dacin, E Levitas, L Svobodina. The Institutional Effects on Strategic Alliance Partner Selection in Transition Economies: China vs Russia[J]. Organization Science, 2004, 15（2）: 173-185.

[26] R Hoskisson, L Eden, C M Lau, M Wright. Strategy in Emerging Economies[J]. Academy of Management Journal, 2000, 43: 249-267.

[27] J Jung. Acquisitions or Joint Ventures: Foreign Market Entry Strategy of US Advertising Agencies [J]. The Journal of Media Economics, 2004, 17（1）: 35-50.

[28] B Kogut, G Walker, J Anand. Agency and Institutions: National Divergences in Diversification Behavior[J]. Organization Science, 2002, 13: 162-178.

[29] T Kostova, S Zaheer. Organizational Legitimacy Under Conditions of Complexity: The Case of the Multinational Enterprise[J]. Academy of Management Review, 1999, 24: 64-81.

[30] Y C Kwon, L J Konopa. Impact of Host Country Market Characteristics on the Choice of Foreign Market Entry Mode[J]. International Marketing Review, 1993, 10: 60-76.

[31] C M Lau, G D Bruton. FDI in China: What We Know and What We Need to Study Next [J]. Academy of Management Perspectives, 2008, 22（4）: 30-44.

[32] T Lawrence, C Hardy, N Phillips. Institutional Effects of Interorganizational Collaboration: The Emergence of Proto-institutions[J]. Academy of Management Journal, 2002, 45: 281-290.

[33] D Levy, D Egan. A Neo-Gramscian Approach to Corporate Political Strategy: Conflict and Accommodation in the Climate Change Negotiations[J]. Journal of Management Studies, 2003, 40: 803-829.

[34] A Y Lewin, J Kim. The Nation-state and Culture as Influences on Organizational Change and Innovation[A]. In M. S. Poole and A. H. van de Ven (Eds), Handbook of organization change and innovation[M]. Oxford: Oxford University Press, 2004: 324-353.

[35] K Li, D Griffin, Yue H, Zhao L. How Does Culture Influence Corporate Risk-taking?[J]. Journal of Corporate Finance, 2013, 23（4）: 1-22.

[36] X Liu, W Xiao, X Huang. Bounded Entrepreneurship and Internationalization of Indigenous Chinese Private-owned Firms[J]. International Business Review, 2008, 17: 488-508.

[37] J W Lu, P W Beamish. The internationalization and performance of SMEs [J]. Strategic Management Journal, 2001, 22（6-7）: 565-586.

[38] Y Luo. Determinants of Entry In An Emerging Economy: A Multilevel Approach[J]. Journal of Management Studies, 2001, 8: 443-472.

[39] Y Luo, M W Peng. Learning to Compete in a Transition Economy: Experience, Environment, and Performance[J]. Journal of International Business Studies, 1999, 30: 269-296.

[40] Y Xue Luo, B Han. How Emerging Market Governments Promote Outward FDI: Experience from China[J]. Journal of World Business, 2010, 45（1）: 68-79.

[41] K E Meyer, S Estrin, S K Bhaumik, M W Peng. Institutions, Resources, and Entry Strategies in Emerging Economies [J]. Strategic Management Journal, 2009, 30（1）: 61-80.

[42] J W Meyer, B Rowan. Institutionalized Organizations: Formal Structure as Myth and Ceremony [J]. American Journal of Sociology, 1977, 83: 340-363.

[43] J Mezias. How to Identify Liabilities of Foreignness and Assess Their Effects on Multinational Corporations[J]. Journal of International Management, 2002, 8: 265-282.

[44] S J Mezias, Y R Chen, P Murphy, A Biaggio, W Chuawanlee, H Hui, T Okumura, S Starr. National Cultural Distance as Liability of Foreignness: the Issue of Level of Analysis[J]. Journal of International Management, 2002, 8（4）: 407-421.

[45] S Miller, M Richards. Liability of Foreignness and Membership in a Regional Economic Group: Analysis of the European Union[J]. Journal of International

Management, 2002, 8: 323-337.

[46] P Morosini, S Shane, H Singh. National Cultural Distance and Cross-border Acquisition Performance[J]. Journal of International Business Studies, 1998, 29（1）: 137-158.

[47] R Mudambi, P Navarra. Institutions and International Business: A Theoretical Overview[J]. International Business Review, 1998, 11（6）: 635-646.

[48] V K Narayanan, L Fahey. The Relevance of the Institutional Underpinnings of Porter's Five Forces Framework to Emerging Economies: An Epistemological Analysis[J]. Journal of Management Studies, 2005, 42（1）: 207-223.

[49] K Newman. Organizational Transformation During Institutional Upheaval[J]. Academy of Management Review, 2000, 25: 602-619.

[50] D C North. Institutions, Institutional Change and Economic Performance [M]. Cambridge, UK: Cambridge University Press, 1990.

[51] C Oliver. The antecedents of Deinstitutionalization [J]. Organization Studies, 1992, 13: 563-588.

[52] C Oliver, I Holzinger. The effectiveness of strategic political management: A dynamic capabilitiesframework[J]. Academy of Management Review, 2000, 33（2）: 496-520.

[53] P Padmanabhan, K R Cho. Ownership Strategy for A Foreign Affiliate: An Empirical Investigation of Japanese Firms[J]. Management International Review, 1996, 36（1）: 45-65.

[54] S H Park, G R Ungson. The Effect of National Culture, Organizational Complementarity and Economic Motivation on Joint Venture Dissolution[J]. Academy of Management Journal, 1997, 40（2）: 279-307.

[55] M W Peng, S L Sun, B Pinkham, H Chen. The Institution-Based View as a Third Leg for a Strategy Tripod [J]. Academy of Management Perspectives, 2009, 23（3）: 63-81.

[56] M W Peng, P Heath. The Growth of the Firm in Planned Economies in Transition: Institutions, Organizations, and Strategic Choice[J]. Academy of Management Review, 1996, 21: 492-528.

[57] M W Peng. Institutional Transitions and Strategic Choices [J]. Academy of

Management Review, 2003, 28（2）: 275-296.

[58] M W Peng, Y Luo. Managerial Ties and Firm Performance in a Transition Economy: The Nature of a Micro-macro Link [J]. Academy of Management Journal, 2000, 43: 486-501.

[59] M W Peng, D Y L Wang, Y Jiang. An Institution-based View of International Business Strategy: A Focus on Emerging Economies[J]. Journal of International Business Studies, 2008, 39（5）: 920-936.

[60] J F Puck, D Holtbrugge, A T Mohr. Beyond Entry Mode Choice: Explaining the Conversion of Joint Ventures Into Wholly Owned Subsidiaries in the People's Republic of China[J]. Journal of International Business Studies, 2009, 40: 388-404.

[61] G Redding. The Thick Description and Comparison of Societal Systems of Capitalism[J]. Journal of International Business Studies, 2005, 36（2）: 123-155.

[62] P S Ring, G Bigley, T D'Aunno, T Khanna. Perspectives on How Governments Matter[J]. Academy of Management Review, 2005, 30（2）: 308-320.

[63] P M Rosenzweig, N Nohria. Influences on Human Resource Management Practices in Multinational Corporations[J]. Journal of International Business Studies, 1994, 25: 229-251.

[64] K Roth, T Kostova. Organizational Coping With Institutional Upheaval in Transition Economies[J]. Journal of World Business, 2003, 38: 314-330.

[65] A M Rugman, J Li. Will China's Multinationals Succeed Globally or Regionally?[J]. European Management Journal, 2007, 25（5）: 333-343.

[66] W R Scott. Institutions and Organizations [M]. Thousand Oaks, CA: Sage, 1995.

[67] W R Scott. Institutions and Organizations: Ideas and Interests [M]. 3rd. Thousand Oaks, CA: Sage, 2008.

[68] M C Suchman. Managing Legitimacy: Strategic and Institutional Approaches [J]. Academy of Management Review, 1995, 20（3）: 571-610.

[69] P S Tolbert, L Zucker. The Institutionalization of Institutional Theory[A]. In S. R. Clegg, C. Hardy, & W. Nord (Eds.), Handbook of organizational studies. London: Sage, 1996: 75-190.

[70] J W Webb, L Tihanyi, R D Ireland, D G Sirmon. You Say Illegal, I Say

Legitimate: Entrepreneur Ship in The Informal Economy[J]. Academy of Management Review, 2009, 34（3）: 492-510.

[71] R Whitley. Dominant Forms of Economic Organization in Market Economies [J]. Organization Studies, 1994, 15（2）: 153-182.

[72] R Whitley, L Czaban. Institutional Transformation and Enterprise Change in An Emergent Capitalist Economy: The Case of Hungary[J]. Organization Studies, 1998, 19: 259-280.

[73] O E Williamson. The Eeconomic Institutions of Capitalism[M]. New York: Free Press, 1985.

[74] O E Williamson. Markets and Hierarchies: Analysis and Antitrust Implications[M]. New York: Free Press, 1975.

[75] M Wright, I Filatotchev, R E Hoskisson, M W Peng. Strategy Research in Emerging Economies: Challenging the Conventional Wisdom[J]. Journal of Management Studies, 2005, 42（1）: 1-33.

[76] J Xia, K Boal, A Delios. When Experience Meets National Institutional Environmental Change: Foreign Entry Attempts of U.S. Firms in the Central and Eastern European Region[J]. Strategic Management Journal, 2009, 30（12）: 1286-1309.

[77] D Yiu, S Makino. The Choice Between Joint Venture and Wholly Owned Subsidiary: An institutional Perspective[J]. Organization Science, 2002（13）: 667-683.

[78] S Zaheer. Overcoming the Liability of Foreignness[J]. Academy of Management Journal, 1995, 38: 341-363.

[79] L G Zucker. Institutional Theories of Organization [J]. Annual Review of Sociology, 1987, 13（13）: 443-464.

[80] 杜晓君，齐朝顺，杨勃 . 政策风险与中国跨国企业海外市场进入模式选择 [J]. 管理科学，2017（4）：111-123.

[81] 冯天丽，井润田 . 制度环境与私营企业家政治联系意愿的实证研究 [J]. 管理世界，2008，（8）：81-91.

[82] 冯华 . 制度因素与中国企业对外直接投资研究 [D]. 山东大学，2016.

[83] 黄凌云，杨娜，王珏 . 文化特征与冲突对中国企业 OFDI 投资策略影响研究

[J]. 经济科学，2014（3）：114-128.

[84] 黄速建，刘建丽 . 中国企业海外市场进入模式选择研究 [J]. 中国工业经济，2009（1）：108-117.

[85] 蓝海林，汪秀琼，吴小节，宋铁波 . 基于制度基础观的市场进入模式影响因素：理论模型构建与相关研究命题的提出 [J]. 南开管理评论，2010（6）：77-90.

[86] 林花，王珏 . 制度基础理论下 OFDI 进入模式研究综述 [J]. 现代商贸工业，2016，37（24）：100-102.

[87] 林花 . 我国企业海外子公司股权进入模式选择及其对绩效的影响机制研究 [D]. 西南财经大学，2014.

[88] 林花 . 中国企业对非洲直接投资模式及其合作伙伴匹配 [J]. 改革，2013（11）：113-122.

[89] 张娟，刘钻石 . 中国民营企业在非洲的市场进入与直接投资的决定因素 [J]. 世界经济研究，2013（2）：74-79.

[90] 李自杰，高璆崚，梁屿汀 . 新兴市场企业如何推进并进型对外直接投资战略 ?[J]. 科学学与科学技术管理，2017，38（1）：62-74.

[91] 林花 . 中国企业对非洲直接投资模式及其合作伙伴匹配 [J]. 改革，2013（11）：113-122.

[92] 陈立敏，刘静雅，张世蕾 . 模仿同构对企业国际化—绩效关系的影响——基于制度理论正当性视角的实证研究 [J]. 中国工业经济，2016（9）：127-143.

[93] 陈嘉文，姚小涛 . 组织与制度的共同演化：组织制度理论研究的脉络剖析及问题初探 [J]. 管理评论，2015，27（5）：135-144.

[94] 刘倩男 . 母国政治制度质量对 OFDI 的影响研究 [D]. 西南财经大学，2016.

[95] 潘镇，殷华方，鲁明泓 . 制度距离对于外资企业绩效的影响———一项基于生存分析的实证研究 [J]. 管理世界，2008（7）：103-115.

[96] 齐晓飞，关鑫 . 中国企业对外直接投资的母国制度解释——基于 OFDI-S 模型的理论分析 [J]. 经济与管理研究，2017，38（8）：115-123.

[97] 邱立成，杨德彬 . 中国企业 OFDI 的区位选择——国有企业和民营企业的比较分析 [J]. 国际贸易问题，2015（6）：139-147.

[98] 王永钦，杜巨澜，王凯 . 中国对外直接投资区位选择的决定因素：制度、税负和资源禀赋 [J]. 经济研究，2014，（12）：126-142.

[99] 吴小节，杨书燕，汪秀琼 . 资源依赖理论在组织管理研究中的应用现状评

估——基于 111 种经济管理类学术期刊的文献计量分析 [J]. 管理学报，2015，12（1）：61-71.

[100] 薛求知，韩冰洁 . 东道国腐败对跨国公司进入模式的影响研究 [J]. 经济研究，2008（4）：88-98.

[101] 阎大颖 . 中国企业对外直接投资的区位选择及其决定因素 [J]. 国际贸易问题，2013（7）：128-135.

[102] 尹忠明，袁泽波，付竹 . 文化距离对跨国企业绩效的影响 [J]. 当代经济研究，2013（2）：37-41.

[103] 张建红，卫新江，海柯 · 艾伯斯 . 决定中国企业海外收购成败的因素分析 [J]. 管理世界，2010（3）：97-107.

[104] 张娟，刘钻石 . 中国民营企业在非洲的市场进入与直接投资的决定因素 [J]. 世界经济研究，2013（2）：74-79.

[105] 赵龙凯，岳衡，矫堃 . 出资国文化特征与合资企业风险关系探究 [J]. 经济研究，2014（1）：70-82.

[106] 朱华 . 投资发展周期理论与中国 FDI 发展阶段定位研究 [J]. 经济学动态，2012（5）：37-42.

[107] 宗芳宇，路江涌，武常岐 . 双边投资协定、制度环境和企业对外直接投资区位选择 [J]. 经济研究，2012（5）：71-82.

[108] 杜国臣，吕振艳 . 管理学视角下的转型经济民营化研究述评与展望 [J]. 外国经济与管理，2012（7）：1-8.

[109] 杨娇辉，王伟，谭娜 . 破解中国对外直接投资区位分布的“制度风险偏好”之谜 [J]. 世界经济，2016（11）：3-27.

C H A P T E R 7

第七章

社会网络理论及其在国际商务研究中的应用

自 20 世纪 60 年代以来，社会网络理论逐渐发展并成熟，其强调人际关系、关系内涵以及社会网络结构对社会现象的解释，并被成功应用到跨学科的交流中，成为在关系社会学方面具有指导价值的理论。本章首先对社会网络理论的含义进行了详细的说明，进而基于嵌入理论、关系强度理论、社会资本理论以及结构洞理论对其发展历史进行梳理，并从这四方面理论对社会网络理论在国际商务领域中的应用情况进行阐述。

一、社会网络理论

（一）社会网络理论的定义

1908 年，社会学家齐美尔提出“网络”概念，社会网络开始受到研究者的广泛关注。20 世纪 60 年代，社会网络初步被应用于社会学的研究，但整体发展较为缓慢。直到 Dunn（1983）明确提出，社会网络理论主要研究知识创造、扩散和应用，并集中关注人与人之间的结构关系。进一步地，Dunn 总结了社会网络理论四方面的假设：①知识结构和流程由人、物体、事件和行为之间的关系构成；②关系为结构关系；③结构关系涉及行为属性和认知属性；④行为和认知属性来源于结构关系，这些关系包括具有象征意义的交易和交流。从邓恩的总结可以看出，社会网络理论的研究对象不仅仅是独立的经济个体，更包括结构关系。至此，社会网络理论的框架初步形成，并且结构关系受到了很大的关注。在此基础上，Granovetter（1985）也指出，个人、团体和单位并不是孤立的，而是共同嵌入在社会关系系统中的，在此基础上，经济行为也会受到社会关系的影响。因此，社会网络理论是从更宏观、更系统的层面考虑个体、群体的社会、经济行为。一般认为，社会网络理论是网络结构交互过程中对个人或者群体产生特定影响的机制（Borgatti and Halgin，2011）。

传统经济学的理论框架认为理性个人有效地配置有限的资源，社会网络理论的架构更多地考虑了个人动机所处的社会情境或者社会制约（罗家德，2005）。换言之，个体行动者不可能完全脱离社会结构行事，也不可能完全依赖于过去的经验，而是在动态的社会关系制度中寻求平衡，以获得自身多重目标的实现（Granovetter，1985；Shaw et al，2005）。所以，人具有理性的一面和非理性的一面，在计算利得的同时也会受到情感对经济的影响，因而社会网络理论改变了传统的原子化个体行动的认知（Cao et al，2006）。另一方面，由于信息是不完整的，其传播受到社会关系和社会结构的影响，个体所产生的价值往往来源于社会网络中蕴藏的丰富信息和资源。而且，在信息和资源的互动下，社会网络结构也不断演进、扩展以及重新构建（刘庆林和綦建红，2004）。此外，成员在网络中所处的网络位置也会对网络成员的决策和资源的获取产生影响，特别是网络的关系嵌入、网络中心度、群体中心度以及网络密度对网络成员的学习效果具有显著的影响（李元旭、王宇露，2010）。

因此，Wellman（1988）从三个方面对社会网络理论进行了总结：①社会网络理论注重考察个体间的互动，而非个体属性或者本质特征；②个体在社会网络中的位置才是决定个体行为的关键因素；③社会网络结构在关注二元关系本身的同时，还考察二元关系之间的互动、其他关系对二元关系产生的影响以及对资源配置产生的影响。可见，社会网络理论弥补了从个人到集体分析的空白（Dunn，1983），在微观行为与宏观行为之间建立了一座桥，从更宏观、更系统的角度看待社会结构问题，而这恰恰是社会学理论历来的薄弱之处（Granovetter，1973）。

在社会网络理论的研究中，关于社会网络的认知构成较为重要的一部分。社会网络，作为相对稳定的系统，由一个或多个个体的社会关系构成（Wellman，1988）。对该系统可提取出社会网络的基本要素，即节点（node）与联系（tie）。节点即为网络中的个体，包括个人或者群体，而联系则为社会互动形成的各种联系或关系（relations），如状态类型关系（如亲属关系）和事件类型关系（如交易关系）（Borgatti and Halgin，2011）。Borgatti et al（2009）基于关系的内容和形式对关系进行了更加清晰的分类，即认为关系包括志同道合关系、亲友关系、互动式关系以及流动式关系。其中流动式关系注重物质或信息的交换和转移，即商贸关系（Wasserman and Faust，1995）。而且，这四种关系并没有严格的划分界限，而是相互之间存在交叉的情况。进一步地，根据关系的方向及强度差异，社会网络可分为有向网络或无向网络、无权网络或加权网络。

在社会网络中，社会关系的作用尤为重要，其将社会结构中的个体或者群体连接成为社会网络，进而个体或者群体在动态的互动过程中相互影响。而社会网络理论是对社会关系数据进行研究的学科，其采用一种关系论的思维方式看待自身与周围环境之间的关系，这种思维方式的共同特征就是思想、行为以及生活的非独立性（John Scott，2016）。鉴于社会网络理论所具备的关系结构特征普遍存在，其逐渐被应用到其他学科的相关内容，如生物学中的生物链或者授粉（Silva，2015）、国际商务学中的跨国经济活动（Patel and Conklin，2009）等，呈现出跨学科的发展，而且这种发展有逐渐扩大的趋势。

（二）社会网络理论的发展历史

随着社会网络理论的运用逐渐增加，Scott（1991）从三个方面总结出了社会网络理论的早期发展：①来自数学图论的社会计量分析传统；②人际关系传统；③部落和乡村社会的地区关系的结构探讨（Liu et al，2017）。社会计量分析主要来自德国心理学家莫雷诺（Moreno），其后来又创建了用来表达社会构型特征的“社群图”。从20世纪六七十年代，通过一些社会学家以及心理学家的推进，社会网络理论得以诞生并且发展。

社会网络有两大分析要素：关系要素和结构要素。关系要素关注的是个体之间的社会黏性关系，即网络的规模、强度、密度以及对称性；而结构要素则关注的是个体在网络中的位置，探讨个体所在的网络与其他网络群体间的关系所折射出来的社会结构（林花，2014），正是由于学者们对关系要素和位置要素的重视程度不同，社会网络在发展过程中形成了嵌入理论、关系强度理论、社会资本理论和结构洞理论等。

1.嵌入理论

1944年，Polanyi首先提出嵌入理念，但是其发展一度处于停滞状态。之后Granovetter（1985）对嵌入进行了清晰界定，认为嵌入的基本特征就是经济活动持续融入社会关系模式的情况。由此可知，在嵌入概念中，行动者的经济行为作为主体，通过信任、文化和信誉等机制融入作为客体的社会网络结构当中。从而，在一定程度上，嵌入也构成一种个体间的互动状态，而且这种互动状态通过信任等机制产生。

Granovetter 和 Swedberg（1992）认为，嵌入的类型主要有关系嵌入和结构嵌入。具体而言，关系嵌入指行为者的经济行为嵌入与他们直接互动的关系网络中；结构嵌入指行为者的经济行为嵌入其所在的社会网络构成的社会结构中，并受到来自社会结构的文化、制度、价值因素的影响。而 Zukin 和 Dimaggio（1990）基于社会嵌入的作用对嵌入从四个方面进行了划分，即认知嵌入、结构嵌入、文化嵌入和政治嵌入。基于嵌入的不同作用，这四种嵌入类型可能会对社会结构的文化、制度以及价值等因素产生抑制作用。不同的嵌入分类往往来源于不同的分类标准。Zukin 和 Dimaggio（1990）基于个人层面，认为认知嵌入主要强调的是经济行为人意识形态的嵌入；基于宏观层面，认为文化嵌入和政治嵌入是组织嵌入国家宏观制度环境，而这种宏观制度环境主要包括正式的经济、法律法规以及非正式的文化、社会风俗习惯等。Granovetter 和 Swedberg（1992）基于组织层面问题，认为关系主要是嵌入在组织与其他组织之间。由此可见，嵌入理论的核心思想除主体外，还包括客体，也就是行动者所处的环境，而在社会网络概念中，即行动者所在网络结构和关系内容。

因此，嵌入理论作为社会网络理论的核心理论，其特别强调从关系的角度考察行动者之间的互动和影响。而社会网络理论中的其他经典理论诸如关系强度理论、社会资本理论和结构洞理论同样是基于行动者之间的关系和互动发展而来的，并注重考察行动者之间的关系和互动所产生的影响。在一定程度上，嵌入理论是社会网络理论的基础（Kilduff and Tsai，2003）。

2.关系强度理论

1973 年 Granovetter 在《弱关系的力量》一文中提出了强弱联结概念。其根据个体之间的互动频率、感情深度、亲密程度、互惠互换将联结分为强弱两种（林花，2014）。其核心思想在于，相较于强关系而言，弱关系更有可能充当连接不同社会之间的桥梁，从而可带来更新颖的信息和资源。鉴于弱关系的这一特征，可知其能够带来更多的机会。Borgatti 和 Halgin（2011）对弱关系的力量的假设进行了总结：①关系越强，社会越有可能重叠；②桥连接是新颖信息的来源；③强连接不是新颖信息的来源。图 7-1 中 A 与 G 的连接即为桥连接，该连接与 A 连接，但并不与那些与 A 相连接的节点相连接，即 G 不与 A 的自我网络中的节点相连。因此，G 能够通过 A 获取与 A 相连接的节点的新颖信息。如果 A 与 G 是强连接，即 A 与 G 的自我网络中的节点直接相连，从而节点之间会形成冗余信息。所以，格兰诺维特采用弱关系的力量解释为什么人们找到工作或者获取工作信息是通过相识的人而非亲密的朋友。

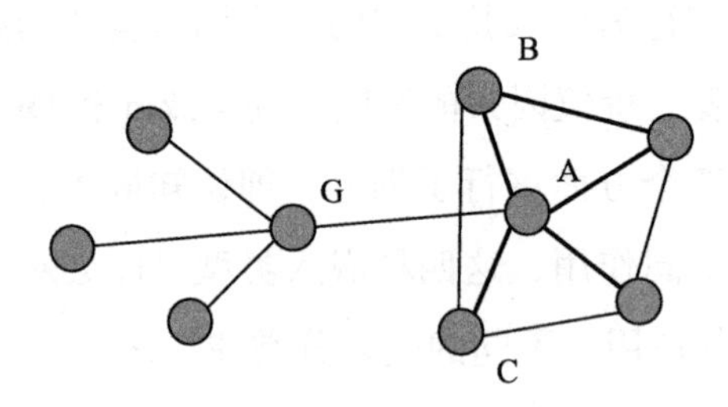

图 7-1 弱关系示意图

资料来源：S P Borgatti, D S Halgin. On Network Theory[J]. Organization Science, 2011, 22(5):1168-1181.

因此，在关系强度理论中，普遍存在的一种观点即为网络内部个体之间由于个人背景、价值观等相似程度较高，通过强关系在这些相似程度较高的个体之间传递的信息和资源具有较高的冗余程度（罗家德，2005），而弱关系由于存在于不同的社会背景，能够获取更多异质性的信息和资源，从而构成自身优势（朱晓霞，2011）。但是，也有学者提出了不同的看法。Burt（1992）指出由于强关系具备牢固的信任基础，其所传递的信息和资源质量相较于弱关系也会更高，同样能够发挥“桥”的作用。因为，资源和信息往往是通过信任和义务产生和获取的（Bian，1997）。尽管关于关系强度持不同观点，但是普遍认为，关系强度理论以及结构洞理论是社会网络理论中最重要的两个理论（Borgatti and Halgin，2011）。

3.社会资本理论

作为社会资本理论的创始者，Pierre Bourdie 于 1977 年首次提出社会资本概念，其将社会资本定义为特定行动者所占有的社会关系的加总，同时，须建立和维持社会网络关系，以保证社会资本的获取。Putnam（2000）则系统地提出了社会资本理论，其认为，个体能够利用社会资本关系来增进他们的优势和机会，而且，社会网络本身就是一种特定形式的社会资本。此后，林南（1999）也从自身的研究领域出发，对社会资本提出了不同的见解，认为社会网络中的各种资源构成社会资本，并且社会资本取决于社会初始地位和初始关系。Coleman（1990）认为社会资本是不同形式的多种实体，社会资本并不直接等同于社会结构，它只是社会网络结构的“某些方面”，是有助于处在网络结构中的个体间的“特定行动”的社会关系，但是，社会网络是产生社会资本的源泉。目前，学者们关于社会资本普遍采用科尔曼的定义。

随着企业逐渐成为一个成熟的社会行为者，其自身所具备的社会资本也引起了关注，“企业社会资本”得以产生。Burt（1992）认为企业之间的关系在一定意义上构成企业的社会资本，由于企业又具有利益目标，其会非常重视企业自身以及其他企业所具有的社会资本。而且在利益竞争过程中，企业社会资本对各企业的竞争成功与否起到关键作用。最终，通过企业社会资本，企业将获取经济资源，提高企业绩效。Häuberer（2010）认为现实社会中存在经济、文化以及社会三种资本，这三种资本可以通过具体物质或者特殊关系相互转换。其中，社会资本是内在的关系资本，因此，社会资本作为一种资源，嵌入在不同背景的行动者关系中。Häuberer 特别指出，行动者既包括个人也包括群体，因此，社会资本理论既包括微观社会层面，也包括宏观社会层面。因此，社会资本理论关注的是社会关系和相互作用带来的资源。

4.结构洞理论

结构洞理论是在社会资本理论上发展演化而来的。投资者将资本带入竞争市场，其回报率会受到社会结构的影响。投资者的关系人在社会网络结构中的位置是否会提高投资者的回报率？基于此，伯特（Burt）于 1992 年引入了结构洞理论。结构洞理论认为在社会市场内的成员之间交换或者分享组织信息，是社会网络理论对组织行为的研究中特别引人注目的部分。具体而言，结构洞是指两个关系人之间的非重复关系，如果两个关系人之间是强关系的话，他们就是重复关系，而强关系意味着缺乏结构洞（Burt，2008）。对于网络中的关系人之间存在强关系的密集网络，其带来的往往是重复信息；而对于网络中的关系人之间没有联系的分散网络，更容易带来信息利益。通常，群体内的思想和行为往往表现出较强同质性，所以人们倾向于跨群体之间的交流，以获取更有价值的信息（Burt，2004）。经济活动不能简化为商品交换，还应当包括所处环境因素的影响（罗家德，2005）。

所以，结构洞理论考察自我网络，即一个节点周围的节点群以及它们之间的连接。如图 7-2 所示，对于节点 A 和节点 B 所在的自我网络，两者与周围节点的关联数皆为 3。但是，较之于节点 B，节点 A 的自我网络往往能够为 A 提供更多的新颖信息。因此，节点 A 较之 B 存在更多的结构洞，A 因为接收到了新观点和新信息，表现能力也会更好。所以，通过对关系强度理论和结构洞理论进行对比，特别就非冗余信息的传递而言，两者之间存在一定的关联性（Borgatti and Halgin，2011）。

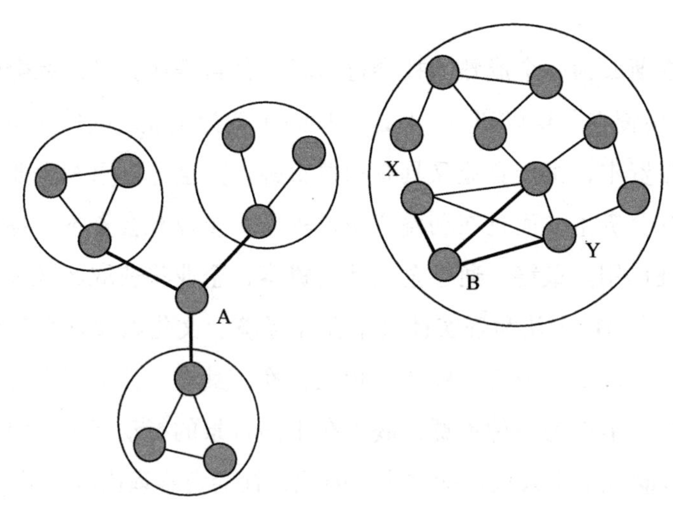

图 7-2 结构洞示意图

资料来源：S P Borgatti, D S Halgin. On Network Theory[J]. Organization Science, 2011, 22(5):1168-1181.

因此，自 20 世纪六七十年代以来，社会网络理论从最开始来源于社会学思想的雏形发展到现今具有若干经典理论组成的相当成熟的阶段，加之社会网络分析方法的发展和应用，使社会网络理论不止于概念的论述，其实证能力正不断加强。正因为如此，社会网络理论不会停留在大型理论的发展上，还会产生诸多基于社会网络经典理论的应用。

二、社会网络理论在国际商务研究中的应用

早期社会网络理论主要用于分析社会学的问题，但是随着研究的深入，人们开始将其引用到商务管理领域的研究中（林花，2014）。Burt（1992）认为，任何经济活动，包括企业的生产经营管理，都不能独立地将其同所处的社会网络结构分离开来。作为社会网络理论中的经典组成部分，嵌入理论、关系强度理论、社会资本理论以及结构洞理论在人际关系、企业组织结构以及跨国经济活动的研究中应用较多。因为，这些研究往往注重考察个体在网络中所在位置、所处关系等要素，进而考察信息、资源的传递和共享，而经典社会网络理论恰好能从理论的视角支撑这些研究内容。于此，将关于各经典理论的应用一一进行阐述。

（一）嵌入理论在国际商务中的应用

Granovetter（1985）明确指出，社会理论的经典问题是社会关系如何影响行为和制度，特别是在现代工业社会，这一问题演化成经济行为在多大程度上嵌入到社会关系的结构中。在嵌入理论下，社会结构关系对经济行为产生的影响一直是组织理论学家和经济理论家讨论的热点。有关国际商务中应用嵌入理论的文章主要分为两类，一类是考察个体嵌入到组织的绩效表现，另一类是企业嵌入在社会经济环境背景之下进行经济活动。

在个体层面，Halbesleben 和 Wheeler（2008）认为嵌入性代表员工参与工作的集合，包括工作关系、个人与环境适应性的认知以及离职成本，具体而言是指在工作中，员工与其他实体有正式或非正式的联系，随着这些联系数量的增加，嵌入性就会更高；适应性指员工价值目标与组织价值目标的匹配度，匹配度越高，嵌入性越高；离职成本则意味着离开组织时财务层面和社会层面的认知成本，成本越高，嵌入性也越高（Holtom et al,2006）。Goldberg et al（2015）融合了结构和文化嵌入，以考察企业员工在组织中的成就表现，研究发现网络约束结构会阻碍个人的成就，而文化契合度会促进个人的成就。因为，网络约束结构往往表现出重复的社会关系，而文化契合度是组织成员文化的兼容程度。因此，职业成功是结构嵌入和文化嵌入权衡的结果。

在企业层面，嵌入被视作为企业间亲密的关系以及与市场高度的适应性。从而，不仅嵌入关系使得企业与市场形成了独特的交换系统，在企业间形成资源共享、合作以及协调适应，也使得嵌入组织网络中的企业较之其他企业具有更高的生存率（Uzzi，1996）。但是，在组织网络中的企业与外界的过分隔离会限制企业获取外界的新信息和机会。所以，内部嵌入为子公司带来其他子公司的战略性资源，从而会促进其创新发展（Forsgren et al，2005；Hallin et al，2011）。但 Ciabuschi et al（2011）选取了 14 个国家的 23 家跨国企业下属的 63 个子公司的 85 项创新发展项目数据提出了不同的看法，认为虽然通过嵌入，子公司之间可以吸收到新资源，但这些战略性的资源比较有限，不能够产生具有创新影响力的合作，从而内部嵌入并不能为子公司带来创新竞争力。

国内学者关于嵌入关系理论的应用方面，彭伟等（2017）认为海归作为一类特殊的群体，表现出既嵌入于海外网络，又嵌入于本土网络的“双重网络嵌入”特征，从而海归创业者既具有在国外学习或工作的经历，又可通过与当地政府、供应商建立关系获取当地资源，因此，双重网络嵌入下的均衡对海归创业绩效有显著的正向影响。陈仕华和李维安（2011）关于公司的治理提出了范围更广的嵌入，即认为“认知”往往嵌入于“关系”“结构”“文化”和“政治”等更为宏观的客体环境中，所以，认知框架、企业所处的网络位置、国家的政治文化因素都会影响企业选择公司治理机制。

（二）关系强度理论在国际商务中的应用

国际商务研究应用关系强度理论，主要源自强关系能够提供更多的信息并减少双方的信息不对称，从而获取更多的机会和资源。因此，社会网络中的强联系可以带来更多的知识和商业扩展，而弱联系可以带来更多的商业机会（林花，2014）。因而，在个人的求职、企业的创业和产品方面，关系强度理论能够起到理论支撑作用。

弱关系和强关系概念的提出以及区分，是推动社会关系影响就业研究的重要之举（Currie，2004），弱关系可使求职者多样化其社会资源，而强关系下的频繁联系往往带来冗余信息。因此，弱关系更有可能带来就业机会。但是，Bian（1997）对关系影响就业持不同看法，其认为就连接强度而言，强网络关系除传递信息之外，还会产生其他情感关联，人们往往是通过强关系来进行求职。因为，在中国这样一个非常注重人际关系的社会，信任和义务也是求职过程中非常重要的因素，而信任和义务通常是在较为密切的关系中存在。因此，在求职过程中，弱关系具有一定的帮助作用，但是强关系往往更有价值（Gee et al，2017）。Oesch 和 Ow（2017）进一步基于人际关系进行了细分，认为不同的人际关系会影响不同阶层的求职者，以工作关系为代表的弱关系会影响中高层的求职者，以亲友关系为代表的强关系会影响工人阶层的求职者，进而会导致中高层求职者的薪酬高于工人阶层求职者。

同样，企业家创业过程中，关于风险的认知是必不可少的。由于商业信息主要通过节点间的联系在商业网络中进行扩散（Mitchell，1969），企业家通过对信息进行评估以判断信息是否具有价值。网络的基本属性如规模、强联系以及结构洞等作为影响信息流和创业决策的最重要的因素（Hoang and Antoncic，2003），恰好能够决定所收集信息的质量和数量，从而可增强企业家识别风险的能力（Yang and Zhang，2015）。Zhang et al（2010）在讨论企业资源并购过程中，引入了直接关系和间接关系。其中，间接关系的作用与社会网络理论中弱关系的作用如出一辙，即认为企业家如要从资源拥有者处获得潜在的资源，需通过中间人进行传递。间接关系为企业家提供信息传输渠道，以传输创业团队的私有信息，而这些信息反过来又会影响资源拥有者关于企业家如何使用其资源的认知，因此，资源拥有者或者中间人拥有关于企业技术或者产品方面的信息，会最小化来自弱联结的信息不对称问题。

关于对企业产品创新及竞争力影响的研究方面，Gunawan et al（2016）将关系分为集群内关系和集群外关系，集群内关系指集体性的学习和知识的共享，集群外关系是指为中小企业提供潜在的、更为广泛的多样性信息。因此，集群内关系带来缺乏创新性的冗余知识，而集群外关系带来与时俱进的新知识。从而风险作为调节变量，使得集群外关系对企业的创新产生积极影响，集群内关系对企业创新产生负向影响。Todo et al（2016）从距离长短考察联系对产品创新的影响。由于长联系能够提供更多的中间品和多样性知识，因此，与供应商和客户存在较远的联系能够促进产品的创新。由于密集网络存在较多的冗余知识，企业自我网络的密度与创新能力成负向关系。一定程度上，长关联对应弱关系，短关联对应强关系。进一步地，Ozer 和 Zhang（2015）将产品创新分为实用型创新和探索型创新，并将网络节点作为调节变量，以探讨其对这两类创新的影响。结果表明，与供应商和客户的联系将会促进实用型创新，但会阻碍探索型创新。

近年来，关系强度理论也逐渐应用于我国社会学或者管理学研究领域。比较具有代表性的研究成果主要有关于企业成长问题的研究（姚小涛等，2008）、企业技术创新绩效的研究（魏江和郑小勇，2010）、大学生就业问题的研究（苏丽锋和孟大虎，2013）、企业网络知识共享的研究（陈萍和彭文成，2014）以及科研合作关系的研究（刘俊婉等，2017）等。这些研究多是基于强关系的资源共享作用以及弱关系的桥梁作用，以考察这两种关系对以上研究议题产生作用的差异以及机理。因此，从跨学科角度而言，上述研究是将社会网络理论较好地应用于中国经济商务等问题的实践。

（三）社会资本理论在国际商务中的应用

稳定的社会关系能够在成员之间创造荣誉和声誉，因而是建立和维持信任的最有效工具（Bourdieu，1984）。社会资本在微观层面包括个人的家庭、朋友以及同事等形成的重要资源（Woolcock and Narayan，2000），在宏观层面，包括关系到企业的组织绩效及竞争策略的社会资源（Luo et al，2012）。社会资本根植于个体所处的信息位置以及其所在的环境（Merluzzi，2013）。

作为嵌入在关系社会中的资源，社会资本越来越多地被应用于人力市场以及管理学的研究当中（Lin，2001）。员工的社会关系和社会资源有助于企业的商业运作，以获得技术（Song et al，2003）和金融资源（Zimmer and Aldrich，1987），并帮助企业提高经营绩效。Seibert et al（2001）将社会资本定义为社会结构（弱关系和结构洞）和社会资源（不同组织中的联系），社会结构与社会资源相关，而且社会资源对就业的影响受到三种网络优势——信息获取、资源获取以及职业赞助的中介作用。Zhang 和 Lin（2016）将社会资本作为衡量个人与工作匹配度的标准，研究了不同所有权企业在招聘过程中对求职者社会资本的考察。不同于国有企业受到较多的政策和制度的支持，外资企业和私营企业为获取经济机会，更看重员工自身的社会资本，因而在招聘环节中设定了更高的社会资本标准。此外，个人社会资本与职位的匹配度也是外资企业在招聘过程中所看重的指标，资源与职位匹配与否直接影响员工的工作效率。员工关于社会资本的认知模式会影响其在不同社会资本网络中的创新性。具有适应性认知模式的员工在具有较多结构洞的社会网络中比较具有创新性，而具有创新性认知模式的员工在闭合社会网络中比较具有创新性（Carnabuci and Diószegi，2015）。

在一定程度上，企业家充当了经纪人的角色，能够将旧资源以新的方式进行整合。同时，作为对企业家知识和经验的补充，风险资本家可提供技术专家、管理顾问以及金融顾问等，企业家和风险资本家的交流可能产生复杂的关系（Aldrich and Zimmer，1986）。所以，企业家层面的社会资本直接影响到企业家获取私募股权资本以及进行风险投资的决定（Batjargal and Liu，2004）。企业家和风险资本家之间的直接关系以及间接关系能够积极影响风险资本家的投资决定，投资者根据特定关系了解企业家的历史行为和经验，并做出关于企业家行为可预测性和可信度的判断，进而做出投资决定。此外，企业家的社会资本也会影响企业的生存（Batjargal，2007）。企业家的社会资本结合不同的人力资本对互联网企业的生存会产生不同的影响，企业家的社会资本与西方经验的相互作用对企业的绩效产生积极作用，企业家的社会资本与创业经验对企业的绩效产生消极作用。Batjargal（2007）将企业家关系网络在不同的制度背景和民族文化下产生的作用做了比较研究。结果显示，相对于俄罗斯企业家网络而言，中国企业家网络的规模更小，密度更大，在教育背景方面具有更多的同质性。这种关系网络往往更稳定，不确定性也更少。因为，中国存在特殊主义和集体主义，企业家之间倾向于建立相互依赖和相互联系，以消除网络之间的差异性。所以，中国企业家关系网络在知识、思想以及世界观上更具同质性。

在关于社会资本的研究中，国内外有较多的作者研究了中国问题，并依据中国本土特色将社会资本的概念具化为“关系”（Batjargal，2007；Batjargal and Liu，2004；Chen et al，2013）。一般而言，关系是指能够促进或者抑制社会交往的人际关系，或是具有工具性目的的一组交往关系。中国作为具有明显的民族文化的国家，特别注重人际关系在交往或者交易中的作用。中国的商业经济关系通常也来源于市场上的人际关系，因为这种人际关系往往与资源、信息密切相关。不仅如此，人们并不仅仅局限于已有关系的交往，还善于建立新的工作或者社交关系（Chen et al，2013）。人们习惯将不熟悉的关系转化为熟悉的关系，从而产生新的信任，更有利于商业交往。

严成樑（2012）在考察经济增长时将社会资本和创新内生化，并从信息共享和相互沟通的角度来测量社会资本，认为社会资本可以提高生产效率，同时也有利于改善代表性个体的福利水平，进而有利于提高国家创新效率。关于企业创新层面，认为创新往往来源于企业通过建立社会关系网络获取的多样化资源，可见，社会资本与企业创新存在重要关联（曾萍等，2013）。但是，社会资本不能直接促进企业创新，而是作为中介变量，间接地促进企业创新。祁毓等（2015）将社会资本总结为四种形式：信任关系，互惠与交换、共同规则、准则和认同，沟通、网络以及组织。其研究发现，社会资本特别是社会信任和社会沟通有利于环境治理，其关键在于，社会资本可以通过共享信息、协调行动和集体决策三种机制降低环境治理行为的交易成本。但是，社会资本存在着一个适度水平。而且，政府质量和市场化程度越高，社会资本的环境治理效应越大。

（四）结构洞理论在国际商务中的应用

群体间的分割会形成网络结构中的洞，跨越这些洞并且连接不同的群体的行动者则成为网络经纪人，因为更具信息优势，网络经纪人可将群体内的同质信息转移到其他群体（Burt and Burzynska，2017）。因此，较之于封闭网络中的行动者，网络经纪人可获得更丰厚的薪水，更快的晋升以及更高的奖金（Quintane and Carnabuci，2017）。但是，关于结构洞对网络中行动者产生的影响，Xiao 和 Tsui（2007）及 Batjargal（2010）的研究得出了不一样的结论。Xiao 和 Tsui（2007）认为在中国，结构洞对员工的职业生涯表现产生负的影响。因为，当集体主义较为明显时，仅闭合的网络（而非结构洞网络）才会产生社会资本。可见，经纪人并不符合中国的集体主义价值观。Batjargal（2010）关于结构洞在不同的国家制度下对企业利润增长的影响进行了研究，认为结构洞对企业的早期利润增长产生负向影响。这主要归因于在初始阶段，新生企业家协调不同网络间成员的沟通时存在困难，进而影响了决策的制定。不仅如此，由于企业家之间缺少信任，获取不同群体内的商业信息需要更多时间和精力，而且，这些非冗余的信息在传递过程中有可能存在矛盾，甚至被扭曲。

在企业层面，处于结构洞位置的企业即成为经纪企业，该企业会变得更具有创业精神。不仅如此，经纪企业通过经纪人位置能够获得更多关于本地的隐性知识，所以，桥接了结构洞的本土企业因为具有较低的市场化程度，更有可能成为外资企业的合资企业伙伴（Shi et al，2012）。一般认为，企业在网络中所处的位置会影响企业的绩效，而网络中富有结构洞能够为企业提供更多的异质信息，从而有助于提升企业绩效。但是，Shipilov（2009）认为，不仅企业在网络中所处的位置会影响企业的绩效表现，企业对异质信息的吸收能力也会影响企业的绩效表现。只有当企业接收的信息与其自身经验存在部分重叠时，企业才会将新吸收的信息与已有知识结合，进而最大化其绩效。企业在网络中所处的位置也能影响企业的创新能力。自我网络中较多的结构洞能够使行动者获取更多样性的信息，因此，会促进企业创新能力的提高；自我网络中较少的结构洞会产生更多的信任，并减少行动者的机会主义，从而网络行动者因为资源共享会产生更有效率的合作。因此，网络中的结构洞对企业创新能力既可能产生积极的影响，也可能产生消极的影响（Ahuja，2000）。

国内学者关于结构洞理论的应用主要在于企业所处的位置对企业生产效率（陈运森，2015）和创新能力（钱锡红等，2010；章丹和胡祖光，2013）的影响。由于结构洞位置带来的控制优势和信息优势对企业的投资活动、经营活动以及公司财务活动至关重要，因此，企业所处网络的结构洞越丰富，企业的经营效率和投资效率越高（陈运森，2015）。钱锡红等（2010）认为位于网络中心并占有丰富结构洞的企业在创新方面将更具优势，而企业知识获取、消化、转换和应用能力能够有效推动企业创新绩效的提升，并且知识获取和知识消化能力越强，企业通过改善网络位置而获得的创新收益越大。但是，章丹和胡祖光（2013）则认为网络结构洞对企业技术创新活动具有两种完全相反的作用，即网络结构洞带来的信息多样性对企业技术创新活动产生促进作用，因此网络结构洞增加了机会主义行为风险，不利于企业技术创新活动。

在个人层面，一般认为，网络信息的异质性越强，企业家可能获得更多元的信息，从而企业家越可能识别创业机会。但黎赔肆和李利霞（2014）认为网络结构洞对创业机会的识别并没有显著影响。因为结构洞对企业家识别创业机会是否产生影响还受到企业成员间的信息和知识是否同质的作用，若信息和知识是同质的，具有结构洞的成员并不真正拥有信息优势。个人绩效与结构洞之间的关系研究也受到了学者们的关注（蔡萌等，2013）。非正式网络（自主关系网络）相比正式网络（非自主关系网络）会给中介人带来更高的绩效，造成这种现象的原因可能是由于中国的文化因素或知识传播方式的影响。

三、本章小结

本章具体介绍和回顾了社会网络理论的定义、发展历史，并归纳评述了该理论在国际商务领域的最新运用情况。因为社会网络理论以网络关系为研究对象，而网络节点之间的信息和资源可依托网络关系进行传递和交流。在此基础上，与信息、资源相关的信息优势和资源共享进而会影响网络中相关者的决策，从而社会网络理论主要从人际交往、信息资源共享方面得到应用，进而延伸到微观层面的员工求职、员工绩效、企业家绩效以及投资策略等方面的研究，宏观层面的企业生产绩效、创新能力等方面的研究。

经济学中，单个个体通常被视为是相互孤立的。社会网络理论的前提是经济社会生活系统中每一个个体都是相互影响的，而且每个个体对“由所有个体组成的整体网络”都会产生不同程度的影响。因此，社会网络理论从关系的角度出发研究经济社会和自然界的问题。在经济全球化的时代，经济关系日益错综复杂，个体的经济活动势必对全球经济往来中的其他个体产生影响。因此，社会网络理论也逐渐会在全球的经济商务活动特别是跨国公司的经营活动中得到更为广泛的应用。特别地，随着中国在国际上的地位和影响力不断提升，中国的经济、政治活动对世界其他国家的影响也将不断增强，在全世界网络中，中国也必将受到越来越多的关注。

参考文献

[1] G Ahuja. Collaboration Networks, Structural Holes, and Innovation: A Longitudinal Study[J]. Administrative Science Quarterly, 2000, 45（3）: 425-455.

[2] H E Aldrich, C Zimmer. Entrepreneurship Through Social Networks[J]. California Management Review, 1986, 21（2）: 33.

[3] B Batjargal. Internet Entrepreneurship: Social Capital, Human Capital, and Performance of Internet Ventures in China[J]. Research Policy, 2007, 36（5）: 605-618.

[4] B Batjargal. The Effects of Network's Structural Holes: Polycentric Institutions, Product Portfolio, and New Venture Growth in China and Russia[J]. Strategic Entrepreneurship Journal, 2010, 4（2）: 146-163.

[5] B Batjargal, M Liu. Entrepreneurs' Access to Private Equity in China: The Role of Social Capital[J]. Organization Science, 2004, 15（2）: 159-172.

[6] Y Bian. Bringing Strong Ties Back in: Indirect Connection, Bridges, and Job Search in China[J]. American Sociological Review, 1997, 62（3）: 366-385.

[7] S P Borgatti, P C Foster, 任博华，董春艳 . 组织研究中的网络范式 ：文献综述和一个分类框架 [J]. 管理世界，2011（8）: 155-165.

[8] S P Borgatti, D S Halgin. On Network Theory[J]. Organization Science, 2011, 22（5）: 1168-1181.

[9] S P Borgatti, A Mehra, D J Brass, G Labianca. Network Analysis in the Social Sciences[J]. Science, 2009, 323（5916）: 892.

[10] R S Burt. Structural Holes[M]. Boston: Harvard University Press, 1992.

[11] R S Burt. Structural Holes and Good Ideas[J]. American Journal of Sociology, 2004, 110（2）: 349-399.

[12] R S Burt, K Burzynska. Chinese Entrepreneurs, Social Networks, and Guanxi[J]. Management & Organization Review, 2017, 13（2）: 1-40.

[13] G Carnabuci, B Diószegi. Social Networks, Cognitive Style, and Innovative Performance: A Contingency Perspective[J]. Academy of Management Journal, 2015, 58（3）: 881-905.

[14] C C Chen, X P Chen, S Huang. Chinese Guanxi : An Integrative Review and New Directions for Future Research[J]. Management & Organization Review, 2013, 9(1): 167-207.

[15] F Ciabuschi, H Dellestrand, O M Martín. Internal Embeddedness, Headquarters Involvement, and Innovation Importance in Multinational Enterprises[J]. Journal of Management Studies, 2011, 48（7）: 1612-1639.

[16] J S Coleman. Foundations of Social Theory[M]. Cambridge, MA: Harvard University Press, 1990.

[17] J Currie. Job Information Networks, Neighborhood Effects, and Inequality[J]. Journal of Economic Literature, 2004, 42（4）: 1056-1093.

[18] W N Dunn. Social Network Theory[J]. Science Communication, 1983, 4（3）: 453-461.

[19] L K Gee, J J Jones, M Burke. Social Networks and Labor Markets: How Strong Ties Relate to Job Finding On Facebook's Social Network[J]. Journal of Labor Economics, 2017, 35（2）: 485-518.

[20] A Goldberg, S B Srivastava, V G Manian, W Monroe, C Potts. Fitting in or Standing Out? The Tradeoffs of Structural and Cultural Embeddedness[J]. Research Papers, 2015（1）: 12263-12263.

[21] M Granovetter. The Strength of Weak Ties[J]. Social Networks, 1977, 78（6）: 347-367.

[22] M Granovetter. Economic Action and Social Structure: The Problem of Embeddedness[J]. American Journal of Sociology, 1985, 91（3）: 481-510.

[23] T Gunawan, J Jacob, G Duysters. Network Ties and Entrepreneurial Orientation: Innovative Performance of SMEs in a Developing Country[J]. International Entrepreneurship & Management Journal, 2016, 12（2）: 575-599.

[24] J R B Halbesleben, A R Wheeler. The Relative Roles of Engagement and Embeddedness in Predicting Job Performance and Intention to Leave[J]. Work & Stress, 2008, 22（3）: 242-256.

[25] H Hoang, B Antoncic. Network-Based Research in Entrepreneurship: A Critical

Review[J]. Journal of Business Venturing, 2003, 18（2）: 165-187.

[26] B C Holtom, T R Mitchell, T W Lee. Increasing Human and Social Capital by Applying Job Embeddedness Theory[J]. Organizational Dynamics, 2006, 35（4）: 316-331.

[27] N Lin. Social Networks and Status Attainment[J]. Annual Review of Sociology, 1999, 25（1）: 467-487.

[28] Y Luo, Y Huang, S L Wang. Guanxi and Organizational Performance: A Meta-Analysis[J]. Management & Organization Review, 2012, 8（1）: 139-172.

[29] J Merluzzi. Social Capital in Asia: Investigating Returns to Brokerage in Collectivistic National Cultures[J]. Social Science Research, 2013, 42（3）: 882-892.

[30] J C Mitchell. The Concept and Use of Social Networks[J]. Paper presented at the Social Networks in Urban Situations, 1969.

[31] M Ozer, W Zhang. The Effects of Geographic and Network Ties on Exploitative and Exploratory Product Innovation[J]. Strategic Management Journal, 2015, 36（7）: 1105-1114.

[32] P C Patel, B Conklin. The Balancing Act: The Role of Transnational Habitus and Social Networks in Balancing Transnational Entrepreneurial Activities[J]. Entrepreneurship Theory & Practice, 2009, 33（5）: 1045-1078.

[33] E Quintane, G Carnabuci. How Do Brokers Broker? Tertius Gaudens, Tertius Iungens, and the Temporality of Structural Holes[J]. Organization Science, 2017, 27（6）.

[34] S E Seibert, M L Kraimer, R C Liden. A Social Capital Theory of Career Success[J]. Academy of Management Journal, 2001, 44（2）: 219-237.

[35] W Shi, S L Sun, M W Peng. Sub-National Institutional Contingencies, Network Positions, and IJV Partner Selection[J]. Journal of Management Studies, 2012, 49（7）: 1221-1245.

[36] A V Shipilov. Firm Scope Experience, Historic Multimarket Contact with Partners, Centrality, and the Relationship Between Structural Holes and Performance[J]. Organization Science, 2009, 20（1）: 85-106.

[37] J S Silva. A Methodology for Applying Social Network Analysis Metrics

to Biological Interaction Networks[A]. Paper presented at the IEEE/ACM International Conference, 2015: 1300-1307.

[38] Y Todo, P Matous, H Inoue. The Strength of Long Ties and the Weakness of Strong Ties: Knowledge Diffusion Through Supply Chain Networks [J]. Research Policy, 2016, 45（9）: 1890-1906.

[39] B Uzzi. The Sources and Consequences of Embeddedness for the Economic Performance of Organizations: The Network Effect[J]. American Sociological Review, 1996, 61（4）: 674-698.

[40] S Wasserman, K Faust. Social Network Analysis: Methods and Applications[J]. Contemporary Sociology, 1995, 91（435）: 219-220.

[41] M Woolcock, D Narayan. Social Capital: Implications for Development Theory, Research, and Policy[J]. World Bank Research Observer, 2000, 15（2）: 225-249.

[42] Z Xiao, A S Tsui. When Brokers May Not Work: The Cultural Contingency of Social Capital in Chinese High-tech Firms[J]. Administrative Science Quarterly, 2007, 52（1）: 1-31.

[43] J Yang, J Zhang. Social Networks, Cognition and Risk Recognition in New Ventures: Evidence from China[J]. Journal of Developmental Entrepreneurship, 2015, 20（2）.

[44] J Zhang, P H Soh, P Wong. Entrepreneurial Resource Acquisition Through Indirect Ties: Compensatory Effects of Prior Knowledge[J]. Journal of Management, 2010, 36（2）: 511-536.

[45] S Zukin, P Dimaggio. Structures of capital: The Social Organization of The Economy[M]. Cambridge: Cambridge University Press, 1990.

[46] 蔡萌，任义科，赵晨，杜巍，杜海峰 . 网络结构模式与员工个人绩效——基于整体网络的分析 [J]. 管理评论，2013，25（7）: 143-155.

[47] 曾萍，邓腾智，宋铁波 . 社会资本、动态能力与企业创新关系的实证研究 [J]. 科研管理，2013，34（4）: 50-59.

[48] 陈萍，彭文成 . 强关系与弱关系下企业网络中的知识共享进化博弈分析 [J]. 情报理论与实践，2014，37（4）: 28-31.

[49] 陈仕华，李维安 . 公司治理的社会嵌入性 ：理论框架及嵌入机制 [J]. 中国工业

经济，2011（6）：99-108.

[50] 陈运森 . 社会网络与企业效率：基于结构洞位置的证据 [J]. 会计研究，2015（1）：48-55.

[51] 黎赔肆，李利霞 . 网络结构洞对机会识别的影响机制 ：网络知识异质性的调节效应 [J]. 求索，2014（7）：24-28.

[52] 李元旭，王宇露 . 东道国网络结构、位置嵌入与海外子公司网络学习——基于 123 家跨国公司在华子公司的实证 [J]. 世界经济研究，2010（1）：63-67.

[53] 林花 . 我国企业海外子公司股权进入模式选择及其对绩效的影响机制研究 [D]. 西南财经大学，2014.

[54] 刘俊婉，丁凯悦，王菲菲，郑晓敏，杨波 . 科学合作的弱关系、强关系以及超级关系研究 [J]. 科学学研究，2017，35（4）：500-510.

[55] 刘庆林，綦建红 . 国际贸易社会网络理论研究综述 [J]. 经济学动态，2004（7）：96-99.

[56] 罗家德 . 社会网分析讲义（清华社会学讲义）[M]. 北京：社会科学文献出版社，2005.

[57] 彭伟，朱晴雯，符正平 . 双重网络嵌入均衡对海归创业企业绩效的影响 [J]. 科学学研究，2017（9）.

[58] 祁毓，卢洪友，吕翅怡 . 社会资本、制度环境与环境治理绩效——来自中国地级及以上城市的经验证据 [J]. 中国人口·资源与环境，2015，25（12）：45-52.

[59] 苏丽锋，孟大虎 . 强关系还是弱关系 ：大学生就业中的社会资本利用 [J]. 华中师范大学学报（人文社会科学版），2013，52（5）：155-162.

[60] 魏江，郑小勇 . 关系嵌入强度对企业技术创新绩效的影响机制研究 [J]. 浙江大学学报，2010（9）：68-80.

[61] 严成樑 . 社会资本、创新与长期经济增长 [J]. 经济研究，2012（11）：48-60.

[62] 姚小涛，张田，席酉民 . 强关系与弱关系 ：企业成长的社会关系依赖研究 [J]. 管理科学学报，2008，11（1）：143-152.

[63] 约翰·斯科特 . 社会网络分析法 [M]. 刘军，译 . 重庆：重庆大学出版社，2016.

C H A P T E R 8

第八章

资源基础理论及其在国际商务研究中的应用

本章将主要对资源基础理论的定义、发展及其在国际商务研究中的应用进行介绍。资源基础理论从企业拥有的“独特的资源或能力”角度对企业的行为进行研究，而这种“资源或能力”一定是有价值的、稀缺的且不可复制、不可替代的。资源基础理论主要包括三个不同的流派：传统的资源基础理论、企业能力理论和企业知识理论。目前，已经有较多研究将资源基础理论应用在国际商务的研究中，主要针对跨国企业的推动因素、进入模式和经营发展等方面进行了深入研究，研究成果较为丰富。

一、资源基础理论

（一）资源基础理论的定义

资源基础理论（resource-based theory）认为，“资源”是企业决策的出发点和中心点（黄旭和程林林，2005）。资源基础理论认为，企业可以从拥有的独特的资源中获取持续竞争优势，这种资源禀赋是企业战略决策的基础，也是造成企业发展差异的原因（Barney，1986a，1986b，1991；Peteraf，1993；Wernerfelt，1984）。在上述对于资源基础理论的定义中，有以下几点需要注意。

（1）资源基础理论解释了可以获得持续竞争优势“资源”的特征：必须是重要有价值的、稀缺的、不可模仿的和不可替代的资源。有价值的资源才能使得企业有意愿拥有资源，但是，无论“资源”多么有价值，其供给一定要远远小于其需求。一旦资源被多数企业所拥有，则企业将无法获得竞争优势或者维持其竞争优势。而要维持“资源”的稀缺性，资源一定是不可以流动的，且难以模仿或者复制的。一般而言，无法复制或模仿的资源需要具备以下三个特征。①独特的历史条件性、路径依赖性。一旦历史上的这一特殊时期过去了，缺乏时空依赖性的企业将无法获得此类资源，从这个意义上讲，这些资源是不可能完全被模仿的。②因果模糊性。若企业所控制的资源和持续竞争优势间的关系不为人知或所知甚少，就认为存在着因果模糊性。③社会复杂性。这些资源很可能是些非常复杂的、超出企业应对能力的社会现象，如果竞争优势是基于此类复杂的社会现象而存在的，则其他企业模仿这些资源的能力将大受限制。

除此之外，资源基础理论还强调，“资源”并非仅仅指有形的资源或资产，也包括其他无形的资产（Barney et al，2001）。通常而言，我们将资源分为以下几类：①物质资本资源（Williamson，1975），比如企业使用的有形技术、企业的工厂和设备、所处区位和取得的原材料等；②财务资本资源（Becker，1964），即企业的所有收入（包含负债、权益、留存收益等）；③人力资本资源（Becker，1964），即企业员工与经理作为个体所具有的教育、经验、判断、智力、关系和眼界等；④组织资本资源（Tomer，1987），即与企业相关的一组属性集合，如企业文化、正式的汇报结构、正式和非正式的计划、控制和协调系统、市场声誉，以及存在于企业内部群体间的、企业和外部环境间的非正式关系等（杨春华，2008）。

（2）资源基础理论的核心逻辑是维持竞争优势所依靠的资源必须是有价值的（Barney，1991）。但是，对企业而言，某种资源的价值取决于顾客对基于该资源产品的评价，所以将价值作为资源属性的构念尝试被证明是有问题的。为了避免从产品市场“产出”这个事后角度来定义资源价值，需要确定一系列条件，使得资源在“事前”对于企业来说就是有价值的。

影响企业对资源的事前评价的四要素分别是：①企业的事前市场位势在竞争市场的位势（market position）；②企业的资源基础，也是企业间互补性的基础；③企业在组织间网络结构（inter-organizational networks）中的位置，是企业获得关联信息的路径；④经理人的知识和经历，是对如何使用资源做出卓越判断的基础。这些要素解释了为什么同样的资源对不同的企业有着不同价值。所以，资源价值是内部要素和外部要素共同作用的结果。其中，内部要素包括企业的资源基础和经理人的知识阅历等，而外部要素包括企业的市场位势、顾客对企业产品的评价以及企业获得信息的能力等。有意思的是，对于企业来说所有这些要素都是异质的，并且都是可以被企业管理和控制的。所以即使所有的企业都拥有相同的信息，企业的事前市场位势、事前资源基础以及这些资源之间的互补性也会导致异质企业资源价值的产生。这将会导致路径依赖（path-dependent）和正向过程回馈（positive-feedback process）的产生，也就是说随着时间的推移，强大的企业还将比弱小的企业更容易在资源获取方面获得优势。但是，拥有市场位势优势的企业可能并不会去获取不具有持续变化（discontinuous change）属性的资源。之所以企业会这么做，原因在于这类资源可能并不能与企业现有资源基础形成互补，或者出现互斥的现象。这些负面效应很可能超过企业通过市场位势优势而开发出来的正向资源价值所产生的正面效应。

（3）资源基础理论关注了“竞争优势”和“持续竞争优势”的不同，并提出有价值的、稀缺的、不可复制和不可替代的资源是企业获得持续竞争优势的关键（许可、徐二明，2002）。Barney（1991）在其研究中对“竞争优势”和“持续竞争优势”进行了定义：竞争优势是指当企业施行了有价值的、创造性的策略，但其现在或者潜在的竞争企业没有施行时，那么企业此时具有竞争优势；持续性的竞争优势是指当企业施行了有价值的、创造性的策略，但其现有的或者潜在的竞争企业没有施行这种策略并且这些企业无法复制这种策略所带来的好处时，企业获得了持续竞争优势。资源基础理论更加强调的是持续竞争优势。对于企业获取持续竞争优势的机制，Barney（1991）做出了更为具体的解释和说明（见图 8-1）。

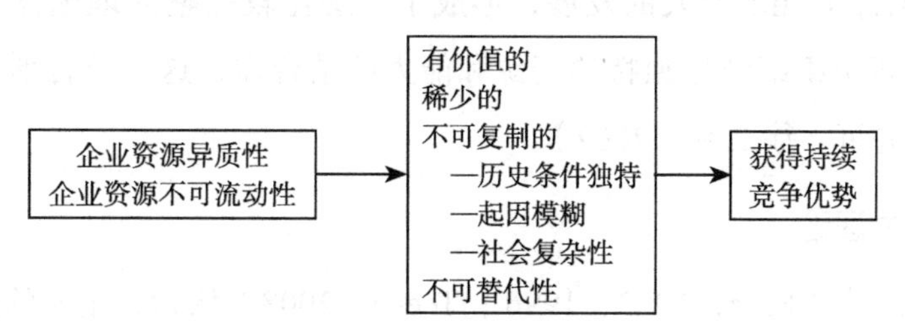

图 8-1　资源与持续竞争优势

资料来源：Barney, 1991.

从图 8-1 可以看出，Barney 在其 1991 年的研究中强调了资源的不可流动。如果企业资源是可流动的，那么会导致其他企业轻而易举地进入该产业或者集团中，企业的竞争优势会随之消失。

（二）资源基础理论的发展

沃纳菲尔特（Wernerfelt）于 1984 年所发表的“企业资源基础观”（A Resource-based View of the Firm）标志着资源基础理论的诞生，其研究是资源基础理论受到重视并被广泛应用的开端。在他的研究中，明确提出了“资源基础观点”这一概念，并提出如果企业要保持竞争优势，该企业就必须拥有重要的、稀缺的、不可模仿和替代的资产或能力，企业通过整合和利用有价值的资源来实现企业价值创造的最大化（林季红，2008）。Grant（1991）首次将资源基础观点称为“资源基础理论”，认为企业的资源与能力会引导企业战略发展的方向，并成为企业利润的主要来源。同时，众多学者开始关注何种资源可以给企业带来持续性的竞争优势并对其进行研究。Barney（1991）提出能够为企业带来持续竞争优势的资源必须是有价值的、稀缺的、不能完全模仿的和难以替代的。Collis（1995）认为，每个企业都是独特资源和能力的结合体，资源差异性和利用资源的能力是企业成功的关键因素。林季红（2009）指出企业可以通过配备有价值的、稀有的、不可模仿的、不可替代的资源来促进其竞争优势的维持。

从上述资源基础理论的演进过程可以看出，资源基础理论对“企业持续性竞争优势从何而来”这一问题的答案稍有区别，对这一问题的回答可将资源基础理论划分为三个流派，即传统资源基础理论、企业能力理论和企业知识理论（杨春华，2008）。

1. 传统资源基础理论

传统资源基础理论（Wernerfelt, 1984）认为企业的持续竞争优势来自异质性的、独特的资源。以沃纳菲尔特于 1984 年发表的论文“企业资源基础观”为标志，经过 Barney，Conner，Collis 等人的发展，形成了一套比较完整的理论体系。传统资源基础理论认为每个组织都是独特的资源和能力的结合体，这一结合形成了企业竞争战略的基础（许可、徐二明，2002）。

2. 企业能力理论

企业能力理论（Foss，1993，1996；Teece，2008）认为，企业的持续性竞争优势来自企业的核心能力或动态能力（杨春华，2008）。企业能力理论是延续了能力理论对企业能力的关注，提出了核心能力和动态能力学说（许可、徐二明，2002）。企业能力理论以 Prahalad 和 Hamel 于 1990 在《哈佛商业评论》上发表的“企业核心能力”（The Core Competence of the Corporation）一文为标志，经过 Pisano，Shuen，Foss，Heene 等人的发展，形成了一套较为完整的理论体系。

Prahalad 和 Hamel（1990）的研究中认为核心能力是“组织中的积累性学习，特别是如何协调各种不同的生产技能和有机整合各种技术流”，而动态能力是指跨国公司在一段时间内持续的发掘和发展企业的特定能力（firm-specific capabilities）（Teece et al，1997）。创新是使跨国公司发掘和维持这些无形资产的重要渠道能力之一（Leonard-Barton，1995）。动态能力视角加深了人们对价值创造的理解（Teece et al，1997）。它认为具备动态能力的企业会根据经营环境的变化不断创新以提高企业的适应能力。这一能力主要表现为企业的商业流程（business processes）、市场趋势（market trends）以及扩张路径（expansion paths）（Teece et al，1997）。Eisenhardt 和 Martin（2015）这样定义动态能力，“企业使用资源来适应甚至创造市场变化的流程，尤其是整合、改组和释放资源的流程”。Helfat（2007）强调，动态能力对企业而言是最为重要的资源基础。动态能力是企业在市场扩大、冲突、演变以及消亡的时候，成功进行新资源改组时的组织路径和战略路径。当动态能力由于企业自身的历史和路径依赖而被冠以某些特质时，某些动态能力就会表现出与企业内部流程相似的特点（Eisenhardt and Martin, 2000）。这些特点包括联盟构建、产品开发以及知识借鉴。

3. 企业知识理论

企业知识基础理论（Kogut and Zander，1993；Spender et al，1996）认为决定企业获得长期垄断优势的是企业长期积累的独特知识，以及对企业知识的创新、管理和分配（林花，2014）。Kogut 和 Zander（1993）的研究通过聚焦跨国公司知识创造（knowledge creation）的组织重要性和战略重要性，开创了国际商务学术研究的一个新方向。Kogut 和 Zander（1992，1993，1996，2003）的知识基础理论对传统国际商务理论的交易成本经济学（transaction cost economics）理论基础提出了挑战，把企业的产生定义从市场缺陷（market failure）及交易成本缩减中出现的组织机构，转移到了卓越知识管理（knowledge governance）的结果。

Kogut 和 Zander（1993）把跨国公司看作一个把生产性知识（productive knowledge）作为当作比较优势（comparative advantage）的社会组织（Kogut and Zander，2003），而不是一个基于合约的市场内部化后的机构（Williamson，1985）。从这一观点出发，他们认为，交易成本理论把企业定义为基于市场缺陷内部化而出现的组织机构。这样的定义过于武断，因为机会主义威胁对于解释企业的存在来说并不是必需的。他们认为，跨国公司的存在可以用他们建立在“高层级组织原则”（higher order organizing principles）基础上的、独有的、卓越的知识转移能力来解释，而不用基于机会主义来解释（Kogut and Zander，1996）。相比在外部市场上与第三方的相互作用中转移和重新整合知识，跨国公司在机构内部转移和重新整合知识的成本更少，尤其是隐性知识方面。结果造成成本差异，相较于授权给第三方，内部的增长和海外子公司的建立更受欢迎（Kogut and Zander，1993）。

Kogut 和 Zander（1993）的研究之所以会引起学界的兴趣，部分原因在于这是他们在当时正统潮流下所做的新尝试。虽然 Kogut 和 Zander（1993）这篇文章存在较大的争论。但是这样有益的争论是学术活力的表现形式之一，可以在驳斥和改进中促进国际商务理论的发展。

无论是传统资源基础理论还是企业能力理论，抑或是企业知识理论，它们共同认为决定企业获得长期竞争优势的并不是企业的产品或业务，而是隐藏在企业产品业务背后独特的看不见、摸不着但却真实存在的资源、能力或知识。这些非竞争性资源是企业通过长期积累、共同作用和长期渗透产生的“化合剂”，是组织成员长期努力、集体学习和创造的结果，具有独特性，因此难以通过市场进行有效的转移，特别是在国际市场上的转移（林花，2014）。

二、资源基础理论在国际商务研究中的应用

自 20 世纪 90 年代以来，资源基础理论便被广泛地运用于跨国公司海外投资等国际商务的研究领域之中。

（一）企业跨国投资推动因素

资源基础理论认为，企业的持续竞争优势来源于异质性的、不可流动的、有价值且稀缺的、不可复制和不可替代的资源。这些资源可以帮助企业持续地获取高于平均水平的收益。当企业进行海外扩张时，可以帮助企业克服其在东道国市场作为外来者所面临的劣势（Wang et al，2012）。这种特定资源既包括了企业层面的资源，比如先进的生产技术、卓越的管理技术、实力雄厚的研发团队、科学的财务管理能力，也包括企业层面与母国层面相结合的资源、人际关系方面的资源、国际经验等（Dunning，2006）。

朱华（2012）从资源基础观的角度解释企业独特的资源禀赋对其海外投资动机的影响，该研究发现学习与研发能力中研发效率和研发支出，以及国际化经验等因素对中国企业的异质化资源的形成起到了显著作用，较强地推动了对外直接投资。

Hu et al（2014）将资源基础理论与代理理论相结合，研究多个公司治理的变量对新兴经济体企业国际化决策的影响。采用224家中国上市公司企业的数据进行研究后发现，国内机构投资者以及外资的比例与企业进行OFDI的倾向成正相关关系。Huang和Chi（2014）基于资源基础理论和制度理论，研究了中国私营企业进行OFDI投资的动因和特点。结果发现，中国私营企业的OFDI更多的是市场和战略资源寻求性OFDI，且私营企业更喜欢与合作伙伴“组团”进行海外市场扩张。Li et al（2017）采用资源基础理论与制度理论相结合，对OFDI的技术溢出效应进行研究，研究结果发现，新兴发展中国家的企业在进行OFDI后生产率会有显著提升，但提升的效率会因母公司和投资策略的变化而发生不同。

（二）跨国投资进入模式

企业的特定资源被认为是企业海外市场进入模式决策至关重要的决定因素（Anderson and Gatignon，1986；Erramilli and Rao，1993；Luo，2001）。拥有“专有资源”的企业在进行对外直接投资时，更有可能通过建立高控制程度的进入模式维持自身的优势，防止资源外溢（Erramilli and Rao，1993；Chen and Hu，2002；Lu，2002）。尹盛焕（2004）关于中国企业在韩国直接投资的股权进入模式选择研究的结果表明，拥有独特营销能力的中国企业通过建立独资子公司来维持自身的竞争优势。乔立和金占明（2009）运用调查问卷研究，结果证实企业决策者的个人关系会使企业以风险更高的模式进入国际市场 。

从资源观的角度来看，企业过去的经验是企业的无形资产，会影响企业跨国战略的实施效果（Hymer，1976），比如海外市场进入模式的决策（Agarwal and Ramaswami，1992；Henisz，2000）。Agarwal和Ramaswami（1992）、Brouthers和Nakos（2004）、Nakos和Brouthers（2002）、Sanchez-Peinado et al（2007）的研究则证实拥有更多国际化经验的企业偏向于选择股权投资即对外直接投资，而没有国际化经验的企业则偏向选择非股权投资（例如出口）。Padmanabhan和Rao（1999）的实证则表明拥有多种进入模式经验的企业倾向于选择以往多次成功采用的进入模式。Xia et al（2009）考察美国跨国公司在中西欧国家进入模式的选择问题时，证实了拥有更多合资方面经验的企业在实施下一次对外直接投资时，会选择并购的方式。同样，张建红和周朝鸿（2010）的实证也表明海外收购经验对提高中国企业海外收购的成功率起到显著的促进作用。而周经和蔡冬青（2014）的研究证明在企业海外股权比例安排上，国际化经验越丰富，特别是具有国有企业特征的外商投资企业，越倾向于采用全资的方式进入。

企业的技术基础是影响海外市场进入模式策略的又一重要因素。Dunning（1979）、Erramilli 和 Agarwal（1997）等学者认为，技术能力越强（或技术优势越明显），企业越可能选择资产投入和控制程度较高的进入模式（比如 OFDI）。谢军（2007）以 288 家中国上市公司为研究对象，发现技术含量越高的企业，越倾向选择控制力度较大的海外市场进入模式。而对对外直接投资股权进入模式更深一层的实证研究也证实，企业的技术基础越高，越有可能选择独资方式（Erramilli and Rao，1993；Chen and Hu，2002；Lu，2002）。但是也有学者（Hennart，1991；Hennart and Larimo，1998；Brouthers，2002）的研究证实不存在这种影响，甚至影响效果是相反的。这在中国企业对外直接投资的部分研究中也得到证实。鲁桐（2000）的研究就发现，对于在英国投资的中资企业而言，技术并不构成其竞争优势；尹盛焕（2004）通过对在韩国投资的中国企业的调研数据，甚至证实中国企业技术能力越高，越优先选择合资经营方式。周茂等（2015）采用垄断优势理论和资源基础理论进行的研究发现，生产率越高的企业对外直接投资时选择并购模式的概率越大，并通过对生产率的分解进一步发现，管理能力越强的企业明显倾向于选择并购模式。

（三）跨国企业经营发展

资源基础理论强调企业通过拥有特定资源和能力来获取竞争优势，从而影响企业的绩效和生产率（林花，2013）。Huang（2015）采用资源基础理论、制度理论和交易成本理论，对影响中国 OFDI 财务绩效的因素进行分析，研究结果发现进入时间、目标企业发展阶段以及所有权结构都成为 OFDI 成败与否的影响因素。李蕾和赵忠秀（2015）将资源基础理论、产业组织理论和制度理论相结合，从不同视角分析中国对外直接投资企业生产率的影响因素。Li et al（2017）采用资源基础理论与制度理论相结合，对 OFDI 的技术溢出效应进行研究，研究结果发现，新兴发展中国家的企业在进行 OFDI 后生产率会有显著提升，但提升的效率会因母公司和投资策略的变化而发生不同。

同时，近期也有利用资源基础理论对外派员工等人力资源管理问题进行研究。随着涌入新兴市场经济体的外商投资额的增长，跨国公司对全球经理人的需求也不断增长，尤其是那些能够在不同文化、经济、制度市场中成功经营的全球经理人（Collings et al，2007；Harvey et al，1999）。尽管关于外派人员绩效、外派失败的争论在增加（Bjorkman and Xiucheng，2002；Briscoe and Schuler，2004；Dowling and Welch，2007），但在新兴市场上使用外派经理人是必需的，原因在于：首先是这些经济体本身人才紧缺，尤其是缺乏合格的高层管理人才；其次是这些经理人所扮演的战略角色所需（Lenartowicz and Johnson，2007）。猎头顾问协会基于纽约跨国公司在新兴市场所从事雇用活动的研究表明，在这些市场经营的跨国公司，12%的高层管理人员不能由东道国经理人来替代（Bindra，2008）。跨国公司在解决新兴市场的经理人职位空缺时，将面临来自招聘、外派人员流失以及本地人员能力不足等严重挑战。

外派人员绩效管理是跨国公司运营所面临的重大挑战之一（Harzing，2002），众多因素影响着外派人员的绩效，比如外派人员的技术能力、动机、随机应变能力、域外文化接受度以及家庭环境等（Arthur and Bennett，1997），尤其重要的是经理人所掌握的东道国本土知识积累量。尽管如此，当跨国公司在筛选外派经理人的时候，还是把关注点放在经理人的技术能力上，而忽略对特定本土知识的考虑（Brewster，1991）。已有研究显示，缺乏足够的当地知识和背景知识会阻碍全球经理人做出有效决定，同时还会威胁这些跨国子公司在国际市场上的经营表现，特别是在新兴经济体中的表现（Lord and Ranft，2000；Makino and Delios，1996）。

三、本章小结

本章主要对资源基础理论的定义、发展及其应用进行了介绍。资源基础理论在国际商务领域应用较多，从企业所拥有的“独特的资源或能力”角度对企业跨国投资策略及其投资效率进行解释，成果已经较为丰富。但是可以看出，无论是较早的垄断优势理论、内部化理论、国际生产折衷理论还是后期兴起的资源基础理论，均采用的是“封闭系统研究模式”，认为组织是一个封闭系统，几乎不考虑或者较少考虑外部因素对组织运行的影响（吴小节等，2015）。但是随着全球化进程的加深，外部政治、经济、技术、文化等环境多样性和不确定性在不断增强，组织管理等相关领域的研究进入了“开放系统研究模式”（吴小节等，2015），组织与环境之间相互作用，强调环境对组织的影响，并逐渐形成了资源依赖理论、制度基础理论等理论学派。显然，资源基础理论已经无法满足日益复杂的国际投资环境和跨国企业行为，其他理论的引入成为必然。因此，越来越多的研究将资源基础理论与其他理论相结合，对国际商务问题进行分析。

参考文献

[1] S Agarwal, S N Ramaswami. Choice of Foreign Market Entry Mode: Impact of Ownership, Location and Internalization Factors[J]. Journal of International Business Studies, 1992, 23（1）: 1-27.

[2] E Anderson, H Gatignon. Modes of Foreign Entry: A Transaction Cost Analysis and Propositions[J]. Journal of International Business Studies, 1986, 17(3): 1-26.

[3] W Arthur, W Bennett. A Comparative Test of Alternative Models of International Assignee Job Performance[J]. 1997.

[4] J B Barney. Firm Resource and Sustained Competitive Advantage[J]. Journal of Management, 1991, 17（1）: 99-120.

[5] J B Barney. Is the Resource-Based"View"a Useful Perspective for Strategic Management Research? Yes[J]. Academy of Management Review, 2001, 26（1）: 41-56.

[6] J B Barney. Strategic Factor Markets: Expectations, Luck, and Business Strategy[J]. Management Science, 1986, 32（10）: 1231-1241.

[7] J B Barney. Types of Competition and the Theory of Strategy: Toward an Integrative Framework[J]. Academy of Management Review, 1986, 11（4）: 791-800.

[8] K D Brouthers, L Brouthers, G Nakos. Transaction Cost, Risk Propensity and International Entry Mode Choice[J]. 2002.

[9] K D Brouthers, G Nakos. SME Entry Mode Choice and Performance: A Transaction Cost Perspective[J]. Entrepreneurship Theory & Practice, 2004, 28（3）: 229-247.

[10] K D Brouthers K D. Institutional, Cultural and Transaction Cost Influences on Entry Mode Choice and Performance[J]. Journal of International Business Studies, 2002, 33（2）: 203-221.

[11] H Chen, M Y Hu. An Analysis of Determinants of Entry Mode and Its Impact on Performance [J]. International Business Review, 2002, 11（2）: 193-210.

[12] Collis D J. Competing on Resources: Strategy in the 1990s[M]. Knowledge and Strategy, 1992: 118-128.

[13] J H Dunning. Comment on Dragon Multinationals: New Players in 21st, Century Globalization[J]. Asia Pacific Journal of Management, 2006, 23（2）: 139-141.

[14] K M Eisenhardt, J A Martin. Dynamic Capabilities: What Are They?[J]. Strategic Management Journal, 2015, 21（10-11）: 1105-1121.

[15] M K Erramilli, S Agarwal, S S Kim. Are Firm-Specific Advantages Location-Specific Too?[J]. Journal of International Business Studies, 1997, 28（4）: 735-757.

[16] M K Erramilli, C P Rao C P. Service Firms' International Entry-Mode Choice: A Modified Transaction-Cost Analysis Approach[J]. Journal of Marketing, 1993, 57（3）: 19-38.

[17] N J Foss. Theories of the Firm: Contractual and Competence Perspectives[J]. Journal of Evolutionary Economics, 1993, 3（2）: 127-144.

[18] N J Foss. Knowledge-Based Approaches to the Theory of The Firm: Some Critical Comments [J]. Organization Science, 1996, 7（5）: 470-476.

[19] R M Grant. The Resource-Based Theory of Competitive Advantage: Implications for Strategy Formulation[J]. California Management Review, 1991, 33（3）: 3-23.

[20] C E Helfat. Know-How and Asset Complementarity and Dynamic Capability Accumulation: The Case of R&D[J]. Strategic Management Journal, 1997, 18（5）: 339-360.

[21] Helfat, E Constance. Dynamic capabilities[M]. New Jersey: Blackwell Pub, 2007.

[22] J F Hennart, J Larimo. The Impact of Culture on the Strategy of Multinational Enterprises: Does National Origin Affect Ownership Decisions? [J]. Journal of International Business Studies, 1998, 29（3）: 515-538.

[23] H W Hu, L Cui. Outward Foreign Direct Investment of Publicly Listed Firms from China: A Corporate Governance Perspective[J]. International Business Review, 2014, 23（4）: 750-760.

[24] X Huang, C Renyong. Chinese Private Firms' Outward Foreign Direct Investment: Does Firm Ownership and Size Matter?[J]. Thunderbird International Business Review, 2015, 56（5）: 393-406.

[25] X Huang. The Impact of Strategic Market Entry Considerations on the Financial Performance of Chinese Investment in the Australian Mining Industry[J]. Thunderbird International Business Review, 2015, 57（4）: 323-339.

[26] S H Hymer. International Operations of National Firms[J]. Journal of International Business Studies, 1976, 9（2）: 103-104.

[27] Ingmar Björkman, Fan Xiucheng. Human Resource Management and the Performance of Western Firms in China[J]. International Journal of Human Resource Management, 2002, 13（6）: 853-864.

[28] B Kogut, U Zander. Knowledge of the Firm and the Evolutionary Theory of the Multinational Corporation[J]. Journal of International Business Studies, 1993, 24（4）: 625-645.

[29] B Kogut, U Zander. Knowledge of the Firm, Combinative Capabilities, and the Replication of Technology[J]. Organization Science, 1992, 3（3）: 383-397.

[30] B Kogut, U Zander. What Firms Do Coordination, Identity, and Learning[J]. Organization Science, 1996, 7（5）: 502-518.

[31] T Lenartowicz, J P Johnson. Staffing Managerial Positions in Emerging Markets: A Cultural Perspective[J]. International Journal of Emerging Markets, 2007, 2（3）: 207-214.

[32] D Leonard-Barton. Core Capabilities and Core Rigidities: A Paradox in Managing New Product Development[J]. Strategic Management Journal, 1992, 13（S1）: 111-125.

[33] K Li, D Griffin, H Yue, L Zhao. How Does Culture Influence Corporate Risk-taking?[J]. Journal of Corporate Finance, 2013, 23（4）: 1-22.

[34] M D Lord, A L Ranft. Organizational Learning About New International Markets: Exploring the Internal Transfer of Local Market Knowledge[J]. Journal of International Business Studies, 2000, 31（4）: 573-589.

[35] S Makino, A Delios. Local Knowledge Transfer and Performance: Implications for Alliance Formation in Asia[J]. Journal of International Business Studies, 1996, 27（5）: 905-927.

[36] M A Peteraf. The Cornerstones of Competitive Advantage: A Resource-Based View[J]. Strategic Management Journal, 1993, 14（3）: 179-191.

[37] C Prahalad, G Hamel. The Core Competence of the Corporation[J]. Harvard Business Review, 1990, 68（3）: 275-292.

[38] R S Schuler, D R Briscoe. Global Ethics and International Human Resource Management[J]. Competitiveness und Ethik, 2004: 269-285.

[39] J C Spender, Grant, M Robert. Knowledge and the Firm: Overview[J]. Strategic Management Journal, 2015, 17（S2）: 5-9.

[40] D J Teece, G Pisano, A Shuen A. Firm Capabilities, Resources and the Concept of Strategy[J]. Strategic Management Journal, 1997（18）: 509-533.

[41] D J Teece. Inter-organizational Requirements of the Innovation Process[J]. World Scientific Book Chapters, 2008, 10（1）: 35-42.

[42] J F Tomer. Organizational Capital: The Path to Higher Productivity and Well-Being[J]. Journal of Economic Behavior & Organization, 1987, 11（3）: 453-455.

[43] C Wang, M Wright. Exploring the Role of Government Involvement in Outward FDI from Emerging Economies[J]. Journal of International Business Studies, 2012, 43（7）: 655-676.

[44] B Wernerfelt. A Resource-Based View of the Firm[J]. Strategic Management Journal, 1984, 5（2）: 171-180.

[45] O E Williamson. The Economic Institutions of Capitalism. Firms, Markets, Relational Contracting[J]. Social Science Electronic Publishing, 1985, 32（4）: 61-75.

[46] 黄旭，程林林 . 西方资源基础理论评析 [J]. 财经科学，2005（3）：94-99.

[47] 李蕾，赵忠秀 . 中国对外直接投资企业生产率影响因素研究 [J]. 国际贸易问题，2015（6）：114-124.

[48] 林花，王珏 . 制度基础理论下 OFDI 进入模式研究综述 [J]. 现代商贸工业，2016，37（24）：100-102.

[49] 林花 . 中国企业对非洲直接投资模式及其合作伙伴匹配 [J]. 改革，2013（11）：113-122.

[50] 林季红 . 跨国公司理论发展趋势探析——新新贸易理论与企业资源基础理论相互融合问题研究 [J]. 中国经济问题，2008（6）：3-10.

[51] 吕素萍 . 采购渠道营运资金管理绩效影响因素研究 [D]. 中国海洋大学，2012.

[52] 鲁桐 . 中国企业海外经营：对英国中资企业的实证研究 [J]. 世界经济，2000（4）：

3-15.

[53] 吕素萍 . 采购渠道营运资金管理绩效影响因素研究 [D]. 中国海洋大学，2012.

[54] 乔立，金占明 . 关系对企业国际化进入模式战略选择的影响 [J]. 科学与科学技术管理，2009，30（9）：109-113.

[55] 宋洋 . 资源基础理论视角下的中小企业创新影响因素研究 [J]. 发展研究，2014（9）：60-65.

[56] 汪菲，李从东 . 基于资源基础理论的国家竞争力评价研究 [J]. 现代财经 – 天津财经大学学报，2008，28（6）：36-39.

[57] 王再平 . 资源、能力与企业核心竞争力研究综述 [J]. 经济纵横，2007（6）：85-87.

[58] 王艳 . 中小上市企业财务冗余影响因素及其经济后果的实证研究 [D]. 中南大学，2013.

[59] 吴小节，杨书燕，汪秀琼 . 资源依赖理论在组织管理研究中的应用现状评估——基于 111 种经济管理类学术期刊的文献计量分析 [J]. 管理学报，2015，12（1）：61-71.

[60] 谢军 . 基于企业国际经验的国外市场选择和进入模式研究 [J]. 国际贸易问题，2007，289（1）：91-94.

[61] 谢军 . 中国企业的技术能力与国外市场进入模式的实证研究 [J]. 科技进步与对策，2008，25（8）：51-53.

[62] 许可，徐二明 . 企业资源学派与能力学派的回顾与比较 [J]. 经济管理，2002（2）：10-17.

[63] 阳立峰 . 运用 BCG 矩阵从价值创造角度对企业资源的划分研究 [J]. 价值工程，2007，26（12）：51-55.

[64] 杨春华 . 资源概念界定与资源基础理论述评 [J]. 科技管理研究，2008，28（8）：77-79.

[65] 尹盛焕 . 企业所有权优势与进入模式——中国企业在韩投资研究 [J]. 国际贸易问题，2004（11）：73-78.

[66] 张建红，周朝鸿 . 中国企业走出去的制度障碍研究——以海外收购为例 [J]. 经济研究，2010（6）：80-91.

[67] 张贺梅 . 企业资源能力组合与竞争优势关系的实证研究 [D]. 重庆大学，2011.

[68] 张文文，张大红 . 资源论对我国中小民营企业国际化经营的启示 [J]. 时代金

融，2009（7）：117-119.

[69] 周经，蔡冬青 . 企业微观特征、东道国因素与中国 OFDI 模式选择 [J]. 国际贸易问题，2014（2）：124-134.

[70] 周茂，陆毅，陈丽丽 . 企业生产率与企业对外直接投资进入模式选择——来自中国企业的证据 [J]. 管理世界，2015（11）：70-86.

[71] 朱华 . 中国企业对外直接投资的资源基础与或然问题 [J]. 改革，2012（2）：99-105.

C H A P T E R 9

第九章

吸收能力理论及其在国际商务研究中的应用

随着经济全球化趋势的深入发展，世界各国的联系日益频繁，单一的国家已难以自给自足，工业化成为发展中国家融入世界经济的重要方式。在工业化发展的过程中，模仿与学习外资企业的先进技术、管理方式是发展中国家追赶发达国家的主要途径，而不同国家、不同地区、不同企业对发达国家的竞争优势学习效果却不尽相同，进而极大地限制了发展中国家的创新能力。因此，对吸收能力的研究已成为提升发展中国家企业吸收新知识与新技术的能力，实现对发达国家的技术追赶的重要工具。

一、吸收能力理论

（一）吸收能力理论的定义

Zahra 和 George（2002）对吸收能力的定义：企业通过整套的组织程序和流程获取、吸收、改变和开发知识，以获得动态的组织能力。企业的这种动态能力，是关于价值发现、获取、同化、转化和开发知识来增强企业获得和保持竞争优势的能力。

1. 价值发现

企业对外部知识的吸收的好坏在很大程度上取决于其对外部知识的评价能力的

强弱，是否有足以认识到新知识潜在价值的能力。Cohen 和 Levinthal（1990）提出把价值发现作为吸收能力的第一个组成部分。他们讨论了个人和组织认知结构，并证明了如果没有先验知识，组织将不能够对新知识进行衡量和评价，从而也就不能有效吸收新知识。认知外部知识价值的能力是吸收能力的一个重要组成部分，因为价值发现不是自动发生的。吸收的发生本身就需要对价值发现能力进行培养，对潜在新知识进行判断。

2. 获取

获取，指代一个企业在经营实践过程中识别并取得对自身经营有重要作用的外部知识。有三个明显的特征用于衡量知识获取路径的努力：强度、速度和方向。越高的努力强度和越快的速度作用于识别和收集知识的过程中，则该企业知识获取能力的质量就越高。努力的强度越大，企业必需能力的构建速度就越快（Kim，1997）。显而易见，存在一些限制企业达到这一速度的因素，比如学习圈并不能够轻而易举地缩短，并且一些构建吸收能力的资源也不能快速地集合起来（Clark and Fujimoto，1991）。此外，企业所遵循的外部知识获取的路径受到知识积累方向的影响，活动的复杂性和丰富程度的差别，使企业中有来自不同领域的专家对企业成功地吸收外部技术显得尤为重要（Rocha，1997）。

3. 同化

同化，指的是企业理解、解释、分析和加工外部信息的路径和流程（Kim，1997；Szulanski，1996）。从外部获取的知识，可能包含与企业现有知识差别很大的探索方法，从而延缓了企业对这些知识的理解（Leonard-Barton，1995）。外部知识是依赖于特定背景的，因此外来者对知识的理解和复制则产生了阻碍（Szulanski，1996）。当知识的价值依赖于特定的互补性资产的存在时，若接收企业尚未获得该特定的资产，则该接收企业理解这些知识是很困难的（Teece，1981）。但是，理解过程推动了知识的同化，使得企业能够加工与内部化外部知识。同化能力适用于组织现有的认知结构所能够理解和解释的知识，因为这些知识在组织的调查区域里，与现有的环境是兼容的，并且还包含了与组织先验知识相近的互补性资产。

4. 转化

转化，指的是企业通过新增、删除部分知识，或者改变阐述同样知识的方式来发展用于支持企业将现有知识与新获得知识同化、合并的路径。转化是通过异类联想的方式来改变知识特征的一种过程，即把通常不认为有联系的两个领域通过一种新的联想方式联系起来（Koestler，1966）。这样，企业就能识别两种明显不一致的信息，将它们合并在一起并形成新的模式，这种能力就是企业的转化能力。这种来自异类联想过程的能力，起着塑造创业心态（McGrath and MacMillan，2000）和培育创业行为的作用（Smith and DeGregorio，2002）。通过参与不同的活动，企业能够产生新的深刻理解并寻找到新的能力起源，新知识在重构企业对行业和竞争战略中的重要性随着战略改变研究的深入而提高（Christensen et al，1998）。在创业者能力和企业（包括新企业）成长的研究中，学者们也做出了类似的表述（Zahra，Ireland and Hitt，2000）。转化使得组织能够认识到新知识与组织先验知识之间的不兼容程度，建立新的认知结构，以及应对路径依赖方面的问题。因此，转化能力使得企业能够在毁灭性变革中存活下来（Tushman and Anderson，1986）。

5. 开发

开发，作为一种组织能力，是指将已获得或已转化的知识合并到企业的日常运营中（Lane et al，1997；Van den Bosch et al，1999），使得企业能够改善、扩展、补充现有的能力，或是产生新的能力。最初的重点聚焦在使得企业能够开发知识的路径上。在没有系统路径的情况下，企业可能侥幸地开发出知识。但是，此类路径的存在提供了结构化、系统化和流程化的机制，使得企业能够在很长一段时间内持续地进行知识开发活动。系统化开发路径的产出是持续的新产品、新系统、新流程、新知识、新组织形式的创造（Spencer，1996）。知识的开发活动是一种常态化的现象。比如，新企业通常会从它们所处的市场、面对的竞争对手以及关联客户处捕获知识，并用这些知识来构建新的能力。同时，新企业通过锁定和部署它们的知识，来增强现有的首创精神和首创精神的路径（Rumelt，1987）。

（二）吸收能力理论的发展

Kedia 和 Bhagat（1988）在研究不同国家的文化组织之间的技术转移时首次提出了吸收能力（absorptive capacity）理论，认为不同文化对技术的接受能力有显著的差异。Cohen 和 Levinthal（1989）在分析企业对研发（research and development）进行投资所产生的作用时提出了更具体的“吸收能力”概念，他们认为企业对研发增加投入时不仅会促进企业的技术创新，同时也会增强企业从外部竞争者获取、吸收外部技术的能力。基于此概念，Cohen 和 Levinthal（1990）指出一家公司能够识别新的外部信息的价值，吸收并将其应用于商业目的对于公司的创新能力至关重要，而一个公司的吸收能力在很大程度上取决于组织先前的先验知识，并且组织的研发投资模型对组织的吸收能力有较大的影响。Mower 和 Oxley（1995）从国家层面的角度出发，将吸收能力视为一种可以将企业从外部转移而来的隐性知识显性化并应用于本企业或者能够将外部技术内部化的技能。Kim（1998）认为吸收能力不仅仅是将学习的知识内部化的能力，同时也是解决现有问题以及创造新知识的能力。通过吸收能力，组织可以将其他组织的能力化为己有，并创造自身的竞争优势。这个观点，成为组织学习、知识转移、策略联盟、创新管理的核心概念。Van den Bosch et al（1999）首先从宏观和微观层面分析了吸收能力与知识环境的演化机制，认为吸收能力是组织学习过程中的一个调节变量；从组织层面分析，认为吸收能力是一个持续重复、螺旋上升的动态演变过程，而不只是单环的学习过程，因此，组织的结构与整合能力也对组织的吸收能力有显著的影响，较弱的吸收能力将会导致组织不能识别潜在的机会，进而影响组织下一步采取的战略，并且随着组织的发展，组织结构将会更加复杂，从而导致企业在知识的分享与整合机制方面更加困难。George（2001）认为组织的吸收能力分为三个方面，包括①吸收效率：组织如何从成本与规模经济的层面来确认、吸收和利用新知识；②吸收范围：组织获取知识的宽度；③吸收弹性：组织使用新知识与构造新知识的能力。至此，学术界对吸收能力理论的研究多数停留于静态的理论研究层面。Zahra 和 George（2002）则更进一步地用动态观点对吸收能力理论进行了新的解释，认为吸收能力是一种分析组织知识积累与流动的程序，通过动态的能力培养来创造并维持组织的竞争优势。Todorova 和 Durisin（2007）认为吸收能力是企业在经营活动中对外部知识加以利用的一个动态且持续反馈的过程，包括了认知价值、知识获取、消化、转化和知识利用五个方面。Sun 和 Anderson（2008）基于 Zahra 和 George 的动态吸收能力理论对吸收能力与组织学习进行研究，他们认为吸收能力由四个部分组成：取得、吸收、转化与利用，且每一个部分都有其特定的学习程序，而吸收能力是组织学习的一个特别的类型，这种动态能力可以提炼、拓展现有的知识与能力，并将现有的能力与获取的新知识在经营的过程中创造新的能力，使组织能够面对外部竞争时保持竞争优势。

二、吸收能力理论在国际商务研究中的应用

从产品生命周期的角度来看，随着产品生命周期的推移，组织的制造生产活动将会从母国转移至其他相对生产成本更为低廉的国家（Vernon，1966）。Capar 和

Kotabe（2003）认为组织的国际化可以利用海外市场机会以建立竞争优势。其中，最为著名的则是 Dunning（1988）提出的国际生产折衷理论，以所有权优势、区位优势、内部化优势解释了组织国际化行为中影响选择行为的因素。基于组织的跨国经营的行为的数量迅速增长，跨国公司如何有效提升经营能力成了跨国公司与相关领域学者研究的重要议题。其中，吸收能力则是影响跨国公司可持续发展能力与保持竞争优势的主要因素。关于企业吸收能力的影响因素的研究也很多：Zahra 和 George（2002）阐述了社会化机制的影响，对"权利关系"进行了实证研究，提出了"潜在吸收能力"的观点；Peter（1998）通过对生物制药产业的研究证实了合作伙伴的知识水平、管理形式、研究的集中化、薪酬待遇都对企业的跨组织学习有正态的影响。本章将从如下几个方面阐述吸收能力理论在国际问题中的研究与应用。

（一）人力资源管理和跨国公司的吸收能力

人力资源管理实践被看作影响跨国公司吸收能力的一个决定因素。Minbaeva et al（2003）研究了诸如培训、能力 / 绩效评估、择优晋升、绩效薪酬、内部交流等内容，证明了人力资源实践通过影响员工的能力来增强跨国公司的吸收能力，认为吸收能力的发展是内生的而不是外生于组织路径和流程。同样，可以通过探索员工方面的议题，来研究人力资源管理实践对跨国子公司吸收能力的影响，尤其是外派人员所发挥的作用。然而，Minbaeva et al（2003）只是把外派人员的比例引入作为控制变量，从而低估了外派人员在知识转移中的作用。但是，很多的研究则强调了员工流动性和外派人员作为母公司知识转移的重要中介作用（Argote and Miron-Spektor，2011；Bartlett and Ghoshal，1990；Bjorkman et al，2004；Chang et al，2012；Kostova and Roth，2002；Song et al，2003；Song et al，2013；Tan and Mahoney，2003）。隐性知识具有黏性的特点，除非拥有隐性知识的人员流动，否则隐性知识是不容易在组织间流动的（Huber，1991；Song et al，2003；Szulanski，1996）。Argote 和 Ingram（2000）认为"由于人在成功的技术转移中扮演了最关键的角色，跨国公司应该在长期的外派员工工作实践中增强外派员工知识转移的意愿"。

当一个跨国公司的竞争优势是基于企业特定的隐性知识时，母公司就会自然而然地将这些知识尽可能完全地和快速地转移给子公司，从而帮助子公司克服外来者劣势和成功地与本地企业竞争（Zaheer，1995）。外派员工自然而然地成为这一转移过程的主要组成部分（Gupta and Govindarajan，2000；Song et al，2013），因为外派人员可通过在母公司的工作经历获得企业的特定隐性知识。通常外派人员更具有全局战略眼光（Miao et al，2011），所以他们在支持跨国公司内部知识转移方面，比在当地雇用的管理人员更懂得合作，从而使知识转移工作更加有效。在母公司向海外子公司转移隐性知识方面，外派人员能够增强这些子公司的吸收能力，从而使得这些子公司能够成为一个灵活的隐性知识蓄水池（Song et al，2013）。已有研究表明，拥有强大技术能力的跨国公司，更加倾向于通过外派人员来向海外子公司转移隐性知识。这样跨国公司就能帮助海外子公司根据东道国的环境调整转移过去的知识。因为外派人员与母公司的管理人员共享语言、工作经验和组织文化，同时保持着和总部经理人员非正式联络，所以他们也继续扮演着总部和海外子公司之间知识转移渠道的角色。这些外派人员也为保持跨国公司的内部一致性，以及未来从母公司向子公司转移更多的知识做出了贡献。

（二）知识转移与吸收能力

从母公司和其他子公司转移而来的知识同样可以增强子公司的吸收能力（Miao et al，2008；Argote and Ingram，2000），因此，知识转移的效果直接影响了企业的吸收能力。因为企业必须不断扩展自身获取知识的途径，这是提高企业吸收能力的重要方式之一。而跨国母公司与子公司之间的一脉相承使得跨国公司内部的知识转移成为提高子公司吸收能力的一个重要环节，因此要对跨国公司内部知识转移的过程进行探讨。

Argote 和 Miron-Spektor（2011）提出当前研究知识转移的一个主题就是识别阻碍知识转移的重要因素，进而解释已经发现的知识转移程度的差异。这些因素包括但不限于知识的特征如黏性（Szulanski，1996），转移个体的特征如吸收能力和专业能力，单位间关系的特征如关系的好坏（Szulanski，1996；Zollo and Reuer，2010）。Argote 认为：单位间关系的不同、知识本身的不同，介入知识管理的各个单位（个体、群体、组织）的组织背景特性是影响知识转移的重要因素。现有的研究已总结出影响跨国公司内部知识转移的重要因素：知识性质、单位性质、单位间关系性质、知识转移机制和背景，以及这些机制之间的交互影响（Minbaeva et al，2003）。

（三）跨国子公司的自主经营权与吸收能力

一些研究强调了跨国公司全球网络结构中母公司与子公司之间关系的重要性，将子公司的自主经营程度作为决定跨国公司内部全球学习和知识转移的重要因素

（Asakawa，2001；Ghshal and Bartlett，1990；Schulz，2001；Song et al，2011）。母公司的集中控制降低了子公司员工的学习动力，阻碍了子公司自主调研、学习活动并限制了其创新的原动力，导致子公司未能有效地培养能够应用于当地市场的新能力（Birkingshaw et al，1998；Frost et al，2002；Miao et al，2011）。通过对比，拥有较高自主经营授权的子公司除了通过日常商业运营活动，还可通过发展创新性的路径来提高它们在国外市场上的经营绩效（Garvin，2000；Ghoshal and Bartlett，1990）。基于这一视角的其他研究则发现了子公司管理自主性与子公司吸收能力的提高以及创新活动强度的增强存在相关性（Ghoshal and Bartlett，1990）。因此，拥有较高自主权的子公司更有可能获得有价值的知识，进而提高自身的吸收能力。如果一个拥有自主经营权和较强竞争能力的子公司能够决定其自身知识转移的程度，那么在其自身能力建设过程中形成的吸收能力，将能为子公司带来更多的知识转移流入。另外，一个有竞争力的子公司向母公司寻求知识激励的可能性将会降低。所以，Song 和 Shin（2008）认为，随着时间的推移，子公司在吸收能力和激励之间就会产生一种权衡或妥协。

（四）FDI 技术外溢与吸收能力

以往，关于国际商务的研究多数停留在发达国家的跨国公司、跨国公司母公司或总部层面，Hymer（1960）提出“企业特定优势”概念，指出跨国公司在对外扩张时，需要依靠其拥有的企业特定优势来抵消在海外经营获得的外来者劣势，因此跨国公司及其特定优势成为国际商务的核心研究对象。直至 20 世纪 90 年代，现代国际商务研究的重点转移到跨国公司全球网络及其全球子公司层面。子公司通过发挥主观能动性做出的创新性整合将帮助跨国公司在经营网络中建立起新的企业特定优势，与此同时并进一步强化自身的整体竞争优势（Birkinshaw，1996，1997，2000）。同期，中国正处于改革开放的起步阶段，形成了引进外资的政策框架，1986 年 10 月，国务院颁布了《关于鼓励外商投资的规定》，投资环境得到进一步的改善，外商在中国的投资数量与投资金额迅速增长。因此，对于国际商务的相关理论研究也逐渐增多，下文将从东道国角度阐述吸收能力理论在中国问题中的研究与应用。

绝大多数研究表明，FDI 技术外溢的效果与东道国本土企业的吸收能力存在绝对的关系。大部分研究表明跨国公司能够有效地向新兴经济体国家转移技术和产生技术溢出，陈涛涛等（2003）对中国制造业 84 个四位码行业的数据进行的实证研究结果表明了“技术差距”是影响我国 FDI 行业内溢出效应的最显著的，也是最直接的因素，而“技术差距”正是吸收能力强弱的一种体现。吕世生和张诚（2004）的研究发现提高企业技术吸收能力的R&D对企业生产率的促进作用明显大于创新性R&D对企业生产率的促进作用，企业对R&D的投入越高，则与外资企业的技术差距就越小，且其技术溢出效应就越显著。Kotabe（2011）的研究也证实，如果东道国本土企业没有实际吸收能力，那么它们很难从与跨国子公司的商业联系中获益以提高它们在新产品市场中的绩效。黄凌云等（2007）的研究也认为要有效吸收发达国家的技术溢出，其前提是东道主国需要具备一定水平的技能，我国的经济开放政策为企业提供了对外学习的机会，而是否能够吸收外部的技术溢出并创造新的技术关键还在于国家自身的技术吸收能力的强弱，研究还发现合理的利用外资企业的技术外溢效应可以提高本国企业的技术能力，但是这种效应并非一直呈现积极的影响，当东道主国的吸收能力超越了某临界值时，这种吸收能力则开始衰弱，并呈现出一种倒U形关系。由此可见，吸收能力在多大程度上能够促进技术外溢效应，学术界还没有得到统一的答案。

首先从我国人力资源的现状来探讨吸收能力对FDI溢出效应的影响。赖明勇等（2002）就以Borensztein（1998）提出的溢出效应模型为基础，针对我国企业的吸收能力进行了研究，研究发现人力资本存量在众多影响吸收能力的因素中起着关键的作用，通过选取中学生入学率、大学生入学率、政府教育投入这三类不同的人力资本指标进行比较研究，结果表明中学入学率对FDI技术溢出效应的促进效果要比大学入学率的高，这主要跟我国的FDI贸易以劳动密集型的加工产业为主有关，所以中学教育背景的劳动者相比大学教育背景的劳动者能够对FDI技术溢出效应产生更多影响。王志鹏和李子奈（2004）提取了中国29个省市1982～2001年的面板数据对FDI与经济增长的关系进行实证研究，结果证实了FDI对当地经济发展具有显著的促进作用，但这种促进作用对所在地区提出了一个前提，即满足最低限度的“人力资本门槛”，否则FDI的过渡流入会导致“飞地”效应并对经济的发展起反作用。王永齐（2006）的研究也证实了，我国企业要想更好地获得FDI技术溢出效应，首先要提高我国人力资本质量和水平，进而才有足够的能力获取更多的技术和知识并将其转化为企业内部的竞争优势。

其次，将FDI溢出效应分成横向溢出和纵向溢出，郑慕强（2011）将技术溢出效应分成多种不同类型，检验吸收能力在不同类型的技术溢出效应中的作用，结果证实，FDI技术外溢首先会影响东道主国企业的吸收能力，然后进一步影响其技术创新绩效。当外资企业存在很好的竞争、示范和员工流动的横向外溢效应时，东道主国企业的吸收能力和技术创新绩效得到了显著的提高；纵向外溢效应虽然对本土企业的技术创新也存在显著的正效应，但通过比较发现其作用程度相对横向溢出弱很多。

再次，对我国分地区进行研究。冼国明和严兵（2005）检验了FDI溢出效应在我国东部、西部和中部三个地区的差异，证实东部地区的FDI的溢出效应远高于中部地区与西部地区，其中中部地区的FDI溢出效应最弱。相对于中西部地区的整体经济发展水平和技术水平的落后而缺乏对外资企业先进技术进行消化和吸收能力的现状，东部地区具有更高的经济发展水平、更强的吸收和创新能力，这为东部地区企业更好地吸收技术外溢提供了良好的条件。赖明勇等（2005）认为纵然我国大量的外商投资集中在我国东部地区，但是对人力资本的投资却相对薄弱，应该加大对中国东部地区的人力资本投资，投资将有助于提高东部地区人力资本回报率并提高东部地区对外溢技术的吸收效果。不仅如此，地区间人力资本的流动所形成的具有较高技能、素质的劳动力的有效竞争劳动力市场也有利于优化我国人力资本的配置，而提高经济开放度对中西部地区而言是提高技术吸收能力的关键。张宇（2008）通过选择经济发展水平，市场开放水平，社会基础设施、人口素质、地区经济与工业结构等多方面的具有一定代表性的地区因素来检验地区本身所具有的吸收能力对FDI技术外溢将产生何种影响，数据证明，这些代表性地区因素与FDI技术外溢效应具有显著的正相关关系，并且在满足了一定的“门槛效应”后，技术外溢效应会出现一个明显的提升。

（五）合作、创新与吸收能力

2016年4月，国务院常务会议通过了《装备制造业标准化和质量提升规划》，对接《中国制造2025》，坚持“创新驱动、质量为先、绿色发展、结构优化、人才为本”的基本方针。可见，创新在中国当代经济发展中的重要地位，而创新的重要途径就是吸收外部知识，转化并开发知识，并以此提高竞争优势。

中国当下的市场经济中，既有外资在华进行投资的经营活动，也有中国企业在国外进行的OFDI经营活动，通过企业间的交流与合作，可以为企业提供了互相学习的机会。张云（2017）对高新技术产业包括医药、航天、通信、计算机和医疗设备在内的产业创新研究也同样表明企业在吸收外部知识后可以促进我国企业的自主创新能力，有效促进产业发展。但是企业如果与过多的组织保持合作关系，企业在信息处理的工作量与管理成本就会上升，反而造成了企业对外界知识吸收能力的减弱，这一观点与黄凌云等（2007）的对东道主国的吸收能力的研究结论相契合。此外，合作开放性、互惠性与持久性对企业的知识吸收能力有显著的积极影响，合作的开放性明显地拓宽了企业获取外部知识的渠道和范围，而合作的互惠性与合作的持久性强化了企业之间的交流频率、促进了对对方企业知识的学习，从而企业能够发现并转化外部知识为己用。刘学元等（2016）以 278 家中国境内制造企业为调查对象，研究了创新网络关系强度与企业吸收能力的关系，认为当企业与创新伙伴保持长期且紧密的联系时，企业对新知识的敏感程度将会提高，获取新知识并将其转化为内部知识的进程将会加快。Todorova et al（2007）的研究也表明对企业关系网络的投资和利用有助于提高企业的吸收能力。解学梅等（2013）对长三角地区 379 家电子信息企业的研究表明知识吸收能力与企业创新绩效之间呈现正相关关系。林春培等（2017）收集了广东省 161 家创新型企业的相关数据，检验吸收能力对企业技术创新的影响，证实吸收能力理论的三种组织学习过程对技术创新的影响有一定差异，其中基于吸收能力的探索式学习和利用式学习对企业的渐进性创新和突破性创新有着正态的积极作用，但转换式学习则需要通过与先前两种学习过程的互补效应对企业创新发挥积极作用。朱俊杰等（2017）以 2001 ～ 2014 年我国 29 个省级面板数据为基础研究了吸收能力与区域创新绩效之间的关联，认为吸收能力的强弱对于区域创新绩效的影响呈现出一种复杂的非线性关系且吸收能力对区域技术创新绩效存在单门槛效应的影响，但是对区域产品创新绩效的影响却呈现了复杂的双门槛效应，此外吸收能力促进创新绩效的最佳强度区间存在空间分布的差异。通过大量的吸收能力理论在中国问题的研究文献我们发现多数的研究都认为吸收能力对企业的创新能力和创新绩效有正向影响。

由此可见，要想深入探讨吸收能力与 FDI 技术溢出效应对中国国际商务活动的影响必须进行分类、分地区或全方位选择衡量吸收能力的指标，同时也不应忽略东道国经济或社会的其他影响因素，这样才能全面剖析出吸收能力对中国企业问题的作用与效果。

三、本章小结

本章首先回顾了什么是吸收能力与吸收能力理论的发展历程，重点回顾了吸收能力理论在国际商务研究领域的运用现状，包括影响吸收能力的重要因素，比如人力资源管理特别是外派人员管理方式、跨国子公司的自主经营权，还回顾了吸收能力与 FDI 技术外溢之间的关系。由此可见，目前吸收能力理论在国际商务领域已经得到广泛的运用。同时特别讨论了在当前世界经济一体化的形势下，中国企业如何通过吸收能力去获得 FDI 技术外溢以及如何通过合作吸收外部知识与能力去进行创新，从而获取竞争优势。

至此，我们已经对吸收能力在国际商务领域的运用做了全面而详细的回顾，将来的研究除了把重点放在影响跨国公司吸收能力的因素探讨和剖析吸收能力如何作用于跨国公司整体经营之外，还可以将吸收能力作为中介变量，将影响因素和影响效果结合起来，进而形成一个全面而系统的研究体系。

参考文献

[1] L Argote, P Ingram. Knowledge Transfer: A Basis for Competitive Advantage in Firms [J]. Organizational Behavior & Human Decision Processes, 2000, 82（1）: 150-169.

[2] L Argote, E Miron-Spektor. Organizational Learning: from Experience to Knowledge[J]. Organization Science, 2011, 22（5）: 1123-1137.

[3] E Borensztein, J D Gregorio, J W Lee. How Does Foreign Direct Investment Affect Economic Growth?[J]. Journal of International Economics, 1998, 45（1）: 115-135.

[4] M D Boer, F A J V D Bosch, H W Volberda. Managing Organizational Knowledge Integration in the Emerging Multimedia Complex[J]. Journal of Management Studies, 1999, 36（3）: 379-398.

[5] K B Clark, T Fujimoto. Heavyweight Product Managers[J]. The McKinsey Quarterly , 1991, 1: 42-60.

[6] W M Cohen, D A Levinthal. Innovation and Iearning: The Two Faces of R & D[J]. Economic Journal, 1989, 99（397）: 569-596.

[7] W M Cohen, D A Levinthal. Adsorptive Capacity: A New Perspective on Learning[J]. Administrative Science Quarterly, 1990, 35（1）: 128-152.

[8] J H Dunning. The Eclectic Paradigm of International Production: a Restatement and Some Possible Extensions[J]. Journal of International Business Studies, 1988, 19（1）: 1-31.

[9] G George, S A Zahra, K K Wheatley, R Khan. The Effects of Alliance Portfolio Characteristics and Absorptive Capacity on Performance: A Study of Biotechnology Firms[J]. Journal of High Technology Management Research, 2001, 12（2）: 205-226.

[10] B L Kedia, R S Bhagat. Cultural Constraints on Transfer of Technology Across Nations: Implications for Research in International and Comparative

management[J]. Academy of Management Review, 1988, 13（4）: 559-571.

[11] L Kim. Crisis Construction and Organizational Learning: Capability Building Catching-Up at Hyundai Motor [J]. Organization Science, 1998, 9（4）: 506-521.

[12] M Kotabe, C X Jiang, J Y Murray. Managerial Ties, Knowledge Acquisition, Realized Absorptive Capacity and New Product Market Performance of Emerging Multinational Companies: A Case of China[J]. Journal of World Business, 2011, 46(2):166-176.

[13] P C Lane, M Lubatkin. Relative Absorptive Capacity and Interorganizational Learning[J]. Strategic Management Journal, 1998, 19(5):461-477.

[14] D Leonard-Barton. Wellsprings of Knowledge: Building and Sustaining the Sources of Innovation [M]. Boston: Harvard Business School Press, 1995.

[15] D Minbaeva, S Michailova. Knowledge Transfer and Expatriation Practices in Mncs: The Role of Disseminative Capacity[J].2003.

[16] G Szulanski. Exploring Internal Stickiness: Impediments to the Transfer of Best Practice Within the Firm[J]. Strategic Management Journal, 1996, 17（S2）: 27-43.

[17] G Todorova, B Durisin. Absorptive Capacity: Valuing a Reconceptualization[J]. Academy of Management Review, 2007, 32（3）: 774-786.

[18] M L Tushman, D Anderson. Technological Discontinuities and Organizational Environments[J]. Administrative Science Quarterly, 1986, 31（3）: 439-465.

[19] R Vernon. International Investment and International Trade in the Product Cycle [J]. Quarterly Journal of Economics, 1966, 8（4）: 190-207.

[20] S Zaheer. Circadian Rhythms: The Effects of Global Market Integration in the Currency Trading Industry[J]. Journal of International Business Studies, 1995, 26（4）: 699-728.

[21] S A Zahra, G George. Absorptive Capacity: A Review, Reconceptualization, and Extension[J]. Academy of management review, 2002, 27（2）: 185-203.

[22] M Zollo, J J Reuer. Experience Spillovers Across Corporate Development Activities[J]. INFORMS, 2010, 21（1-35）: 1195-1212.

[23] 陈涛涛 . 中国 FDI 行业内溢出效应的内在机制研究 [J]. 世界经济 2003,（9）: 23-28.

[24] 黄凌云，范艳霞，刘夏明．基于东道国吸收能力的 FDI 技术溢出效应 [J]. 中国软科学，2007（3）：30-34.

[25] 解学梅，左蕾蕾．企业协同创新网络特征与创新绩效：基于知识吸收能力的中介效应研究 [J]. 南开管理评论，2013，16（3）：47-56.

[26] 赖明勇，包群．关于技术外溢与吸收能力的研究综述——外商直接投资理论研究新进展 [J]. 经济学动态，2003（8）：75-79.

[27] 赖明勇，包群，彭水军，张新．外商直接投资与技术外溢：基于吸收能力的研究 [J]. 经济研究，2005（8）：95-105.

[28] 林春培，张振刚．基于吸收能力的组织学习过程对渐进性创新与突破性创新的影响研究 [J]. 科研管理，2017，38（4）：38-45.

[29] 刘学元，丁雯婧，赵先德．企业创新网络中关系强度、吸收能力与创新绩效的关系研究 [J]. 南开管理评论，2016，19（1）：30-42.

[30] 吕世生，张诚．当地企业吸收能力与 FDI 溢出效应的实证分析——以天津为例 [J]. 南开经济研究，2005（6）：72-77.

[31] 王永齐．FDI 溢出、金融市场与经济增长 [J]. 数量经济技术经济研究，2006，23（1）：59-68.

[32] 王志鹏，李子奈．外资对中国工业企业生产效率的影响研究 [J]. 管理世界，2003（4）：17-25.

[33] 冼国明，严兵．FDI 对中国创新能力的溢出效应 [J]. 世界经济，2005（10）：18-25.

[34] 张宇．FDI 技术外溢的地区差异与吸收能力的门限特征——基于中国省际面板数据的门限回归分析 [J]. 数量经济技术经济研究，2008，25（1）：28-39.

[35] 张云，赵富森．国际技术溢出、吸收能力对高技术产业自主创新影响的研究 [J]. 财经研究，2017，43（3）：94-106.

[36] 郑慕强．FDI 技术外溢与本地企业技术创新：吸收能力的影响 [J]. 科研管理，2011，32（3）：1-8.

[37] 朱俊杰，徐承红．区域创新绩效提升的门槛效应——基于吸收能力视角 [J]. 财经科学，2017（7）：116-128.

C H A P T E R 1 0

第十章

渐进式国际化和天生国际化及其在国际商务研究中的应用

在国际商务理论中，渐进式国际化理论与国际新创理论都可解释企业的国际化行为（王珏等，2012）。长期以来，渐进式国际化理论一直是学者研究企业国际化行为的重要指导理论，通常情况下企业会按照渐进式国际化理论中的几个阶段，逐步实现国际化。但随着世界经济格局的不断发展和变化，渐进式国际化模型已无法解释新兴的“天生国际化”现象，国际新创理论也就应运而生。这两个理论虽都能对企业的国际化行为进行解释，但二者的产生背景和理论目的却并不相同，它们适用于不同的企业国际化路径。

一、渐进式国际化

（一）渐进式国际化理论的定义

渐进式国际化模型，即乌普萨拉国际扩张模型认为企业的国际化是一个逐步发展的过程，它由 Johanson 和 Vahlne（1977）提出，主要解释企业在自身发展过程中逐渐兼并、整合，并在运用外国市场知识和市场投资过程中成功占领国外市场份额的动态现象，即渐进式国际化现象。

渐进式国际化基于两大理论：发展链和心理距离（黄胜等，2015）。其基本假设为企业缺乏国外市场知识，且这种缺失在很大程度上限制了企业的快速国际化进程。因此，这些企业走出国门的典型做法是循序渐进、通过海外代理、设立销售子公司等步骤实现国际化，且这一系列步骤的时间顺序被认为与母公司所在国和东道国的心理距离有关（Valne et al，2011）。

首先，根据渐进式国际化，公司的国际化进程可分为四个阶段：在第一阶段中，企业没有任何国际化活动，仅在母国市场进行生产销售等活动；随后，企业的国际化可能始于偶然收到的国外订单，由于企业缺乏对海外市场的知识和经验，将通过依托当地代理或中介通过出口进入海外市场，尽量减少风险；随着销售量的增加和对当地市场的熟悉，企业自行设立海外销售机构来取代代理或中介；第四，企业通过在海外市场设立制造工厂来规避贸易壁垒，进而发展到全球化公司（Johanson and Vahlne，1977）。该模式被称为发展链模式（establishment chain）。因此，只有当国内市场成熟并开始制约企业进一步发展之后，企业才会被动进入国际市场，并随着企业市场经验知识的积累，逐步分四个阶段实现国际化（王珏等，2012）。这在后来也被 Root（1988）发展为阶段模型，详见图 10-1。

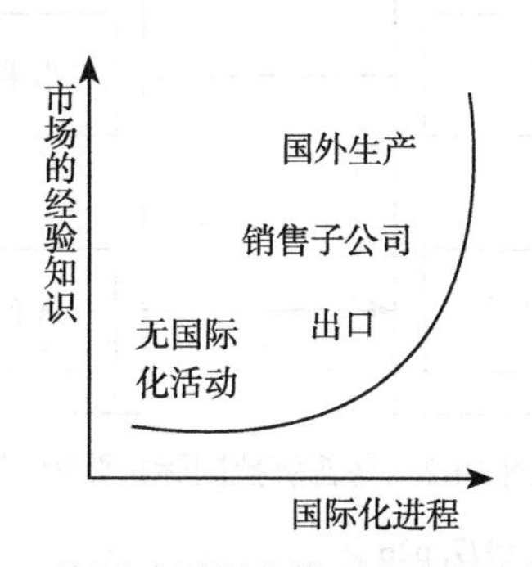

图 10-1 渐进式国际化模型的发展链与阶段

渐进式国际化模型的另一特征为公司在进行国际化时会考虑心理距离（psychic distance），即东道国与母国在政治、经济、文化等方面的相似程度。Johanson 和 Vahlne（1977）认为企业会优先选择心理距离较近，即与母国各方面相似程度较高的海外市场进行扩张，再依次扩张到心理距离较远的国家。企业进行这一抉择的原因主要归结于外来者劣势，如对东道国市场的不熟悉。因此，企业选择与母国心理距离较近的邻国市场来降低外来者劣势的影响（Johanson and Vahlne，1977；Zahra，1995）。

根据以上阐述，可总结出渐进式国际化模型能够很好地解释两种国际化情形：①国际化依靠逐步建立市场渠道；②由近至远，优先进入与母国环境制度或心理距离最近的海外国际，在这些市场中买卖双方更容易理解对方，市场不确定性较低，企业更容易获得市场机会（王珏等，2012），即企业国际化经营的目标市场更可能从邻国市场逐步发展到距离较远的海外市场。此外，由于学习和市场承诺构建花费时间，企业国际化的进程较为缓慢，耗费时间较长（Vahlne and Ivarsson，2011；Vahlne and Ivarsson，2014）。

（二）渐进式国际化模型的发展历史

渐进式国际化模型虽然能在理论上解释大部分中小企业的国际化行为，并为企业的实际运作提供可行的建议，但现实中外部市场环境已发生巨大变化，企业的国际化行为也更为复杂。实证检验证明企业不一定如 Johanson 和 Vahlne（1977）提出的乌普萨拉国际扩张模型（见图 10-2）所述，逐阶段地通过经验学习和承诺构建两个相互影响的子过程来克服外来者劣势，由近至远地开展国际化经营活动，而常常采用的是跨越式或跳跃式的发展模式。

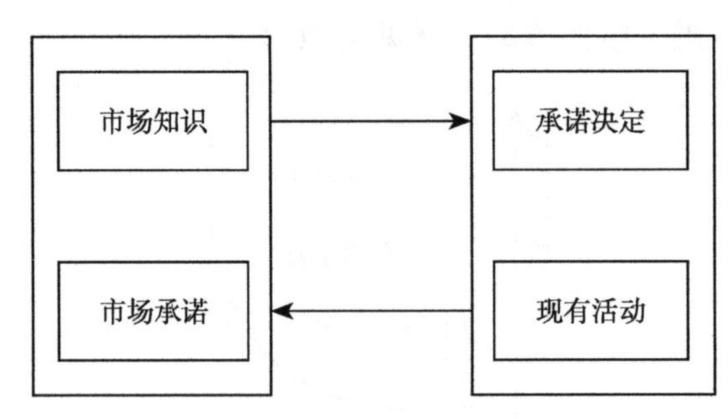

图 10-2　乌普萨拉国际扩张模型

资料来源：Johanson and Vahlne, 1977, p26.

基于此，Johanson 和 Vahlne（2009）再次完善了此模型。为更符合实际的企业全球化过程，他们在不改变模型基本特征的情况下，对此初始版本加入更多子过程：信任建立、机会识别和挖掘，并融入了社会网络这一重要因素（见图 10-3）。同时，发展链理论也得到了补充：第一，随着外部环境变化，国际化更多取决于发展机会而不是克服不确定性，比如海外市场的制度条件（Eriksson et el，1997）；第二，占有资源优势的企业倾向于加快国际化进程；第三，当国外市场稳定且与母国具有同质性时，企业倾向于加快国际化步伐（王珏等，2012）；第四，企业能够将某一市场知识和经验推广到另一市场中时，也倾向于加快其国际化步伐（Johanson and Vahlne，2009）。这才构成了目前学术界所公认的乌普萨拉国际扩张模型，即渐进式国际化模型。

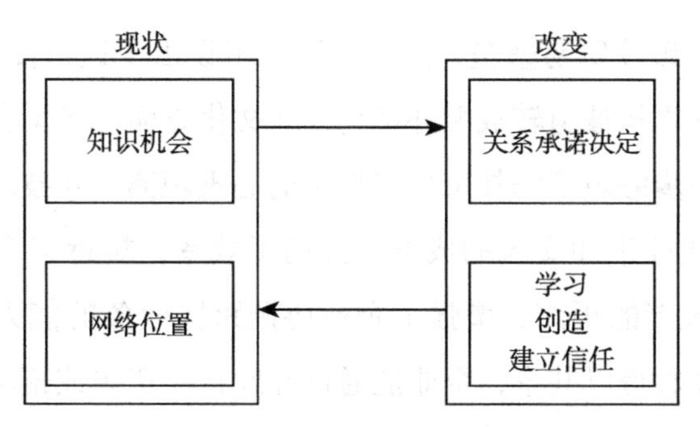

图 10-3　完善后的乌普萨拉国际扩张模型

资料来源：Johanson and Vahlne, 2009, p1424.

（三）渐进式国际化模型的理论贡献和理论局限

王珏等（2012）从理论贡献和局限两个方面对乌普萨拉国际扩张模型进行了总结，认为乌普萨拉国际扩张模型的贡献在于，首先，之前的诸多国际化理论均建立在解释变量仅为要素价格和产品价格的模型上，而渐进式国际化理论则引入了承诺和知识作为企业国际化的重要解释变量，阐释了外国市场经验是如何影响企业的国际化行为，让学者们得以更深入、更全面地了解企业的国际化行为；其次，渐进式国际化模型也能为即将开展国际化的企业提供有力的理论指导，企业可根据该模型规划国际化进程及预测后续国际化战略。

然而，渐进式国际化的阶段模型被多方诟病。Oviatt 和 McDougall（1994）提出该模型过于决定性，企业经常会跳跃式发展，在公司成立初期就开始出口商品，迅速实现国际化。此外，还有学者认为该模型过于简单化，实际的国际化过程较为复杂，同时该模型还忽略了兼并这一常用进入海外市场的途径和外生变量对企业国际化的影响（Chetty and Campbell-Hunt，2003）。

二、国际创新理论

（一）国际创新理论的产生背景

世界经济格局自 20 世纪 70 年代起发生了较大的变化，市场环境也随之改变。根据现有研究，外部环境变化主要体现在以下方面：①政治方面，得益于科学技术和网络的发展，各国间的交流愈加密切，极大地缩短了各国间的制度距离，更大的国际间一体化市场逐渐形成；②同时在经济方面，大多数国家也努力推行贸易自由化，签订贸易合作协定，破除贸易壁垒，此外，国内市场由于进口商增多变得更加激烈，促使部分公司在成立之初被迫转战海外市场；③文化方面，各国文化趋同，消费者偏好差异缩小，也进一步缩短了海外市场与母国的心理距离；④技术方面，网络技术的发展不仅降低了跨国往来和交流的成本，提高了效率，拉近了企业与其客户、分销商、供应商和合作伙伴的距离，增强了企业协调跨国业务的能力，还带来了去中介化；⑤国际化管理经验得以共享，企业能通过开发自身资源或招聘人才的方式来获得这种经验和知识；⑥企业招聘和雇用职业管理机构也越发成熟，使之得以灵活组织和调用国内外各种外部资源（Autio and Fu，2015；Madsen and Servais，1997；Oviatt and McDougall，1994；McDougall and Oviatt，2000）。

基于以上变化和近年的研究结果，部分企业的国际化进程打破了传统的阶段模式，甚至很多企业在建立之初，便走上了国际化的道路，这种现象被称为天生国际化（born global），而这一类型企业也被定义为国际新创企业（international new ventures，INV），并由此产生了新的理论——国际创新理论（Oviatt and McDougall，1994；王珏等，2012）。得力于 IT 技术和运输业的发展，越来越多的企业可以同时在多个国家开展商务活动，获得资源，最终形成竞争优势（李卫宁等，2007）。这些企业在创立之初就开始了国际化，综合运用各国的资源优势，如在较为发达的国家获取资金，在人力资本较低的国家进行生产，在市场需求较大的国家出售商品（李卫宁等，2007）。比如，Welch 和 Loustarinen（1988）曾提到英国的一些小型公司、澳大利亚的一些创新企业、瑞典的一些新建立的公司，它们跳过了渐进式国际化模型中不少重要步骤，迅速地开展对外直接投资或出口贸易等。

（二）国际创新理论的定义

与乌普萨拉模式的循序渐进过程相反，天生国际化或国际新创企业最明显的特征是从成立初就开展国际化。该概念最早由 Welch 和 Luostarinen（1988）提出，部分企业在成立之初就进行出口。Oviatt 和 McDougall（1994，P60）扩展了对国际创新企业的定义，认为其指“一个商业组织从其成立时起就通过利用资源和在多个海外市场的销售活动获取显著的竞争优势”。Knight 和 Madsen（1996，2000）再次认同 Oviatt 和 McDougall（1994）的观点，认为国际新创企业指在成立后不久就开始国际化且海外市场的销售在其总收益中所占比例较高的企业（李卫宁等，2007）。Andersson 和 Wictor（2003）对天生国际化企业的定义为在成立最初 3 年中在国外市场的销售比例大于 25% 的企业。从大部分学者的定义可以看出，定义国际新创企业的两个重要参数为企业的国际化速度以及国际化程度。

（三）国际创新企业的分类

Oviatt 和 McDougall（1994）基于企业国际化过程中的两个维度对国际创新企业进行了分类，即涉及的价值链活动数量维度和涉及的国家数量维度，得到进出口创业企业、多国交易企业、地理集中创业企业、全球创业企业为主的国际创新企业类型（见图 10-4）。王珏等（2012）通过对这四种企业类型的特征进行归纳和比较，认为这四种企业类型分别具有不同的竞争优势，所采用的国际化战略也存在差异，具体的特征和差异如下：

- 进出口创业企业只在与母国经济历史文化类似的国家内开展业务，业务类型也局限于进出口贸易；
- 多国交易企业则在一系列的国家里密切寻觅商机，开展与进出口创业企业相似的基本业务类型；
- 地理集中创业企业与上两种比较，其不同点在于它在地理界限上比多国交易企业更为严格，在业务上又不只是边界上的进出口贸易，也包括了物流业务等；
- 全球创业企业是国际创新理论最根本、最彻底的表现形式，因为在该形式中，企业行为没有地理限制且组织活动多样。同时，由于全球创业企业需要同时处理协调好地理问题和业务问题的能力，这种国际创新形式也最难实现（见图 10-4）。

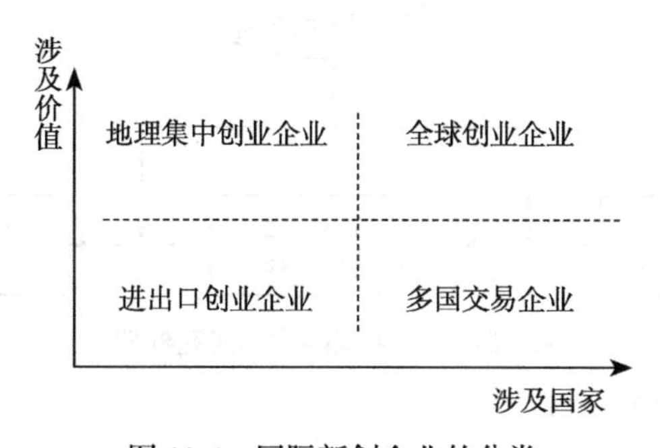

图 10-4　国际新创企业的分类

资料来源：根据 Oviatt and McDougall（1994），p59 翻译。

（四）国际创新理论的发展历史

学术界对国际创新理论或天生国际化的研究兴起于 20 世纪 90 年代（Moen and Servais，2002）。该理论由 Oviatt 和 McDougall（1994）根据 10 个国家新兴国际企业的形成提出，并认为全球化推动了企业的天生国际化。Rennie（1993）的研究则关注于已成立的公司，特别是中小企业。根据其对澳大利亚300多家企业的对比分析，天生国际化公司通过创新的技术和产品设计在质量和价值创造上取胜。这些企业还贴近顾客，非常灵活，可以迅速地改进产品使其适应变化频繁的需求（Rennie，1993）。

但20世纪90年代对天生国际化的研究主要认为全球化推动了企业的天生国际化，聚焦于天生国际化与渐进式国际化的对比分析，未从公司内部的角度解释为什么国际创新企业会在早期进行国际化以及这些企业在海外市场获得上乘表现的原因。Knight和Cavusgil（2004）基于企业创新文化和组织能力两个内部因素进行研究，对天生国际化理论进行了拓展。根据其研究，以知识为基础的内部组织能力，如对国外市场的认知和以创业和国际市场为导向的企业文化可以激励企业采取差异化产品战略，生产具有特色、高质量的产品，由此带来在国际市场的良好表现（Knight and Cavusgil，2004）。

目前学术界对天生国际化的研究也逐渐形成如图10-5所示的框架，从创业学、组织和外部环境三个方面对国际新创企业进行探讨（蔡宁、黎常，2007；沈灏等，2009）。主流文献也确认了很多解释天生国际化出现的内外部因素，其中最主要的有6个（Lin et al，2016）：管理者的特质、中小企业的竞争优势、关系网络的使用、信息和知识的获取、创新、东道国市场的特点和与合作伙伴的关系。

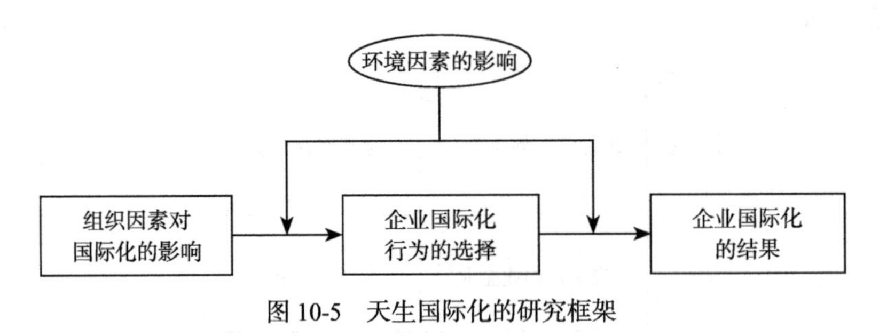

图10-5 天生国际化的研究框架

资料来源：沈灏等，2009，p1710。

（五）国际创新理论的贡献及理论局限

王珏等（2012）基于已有文献，从国际创新理论的适应情况、作用机理和作用效果等方面总结了国际创新理论对企业国际化理论框架构建的贡献和作用。其认为国际创新理论认为新建立的小企业，并不一定需要为了开展国际业务而积累海外资源，他们可以通过分享企业家的经验来达到同样的效果（周劲波、黄胜，2008）。

第二，国际创新理论被看作企业生存、扩张和实现国际业绩的重要原因（Zahra，2005）。第三，国际创新理论能更好地解释天生国际化现象（born-global），这也恰恰是它带给渐进式国际化理论的最大挑战，在一定程度上弥补了 Johanson 和 Vahlne 所忽略的空白。国际创新理论开启了研究新创企业国际化现象与行为的新方向，能进一步阐述国际新创企业的形成机理及其本质与竞争优势，并由此形成更有效的政策来鼓励和指导天生国际化企业的发展（赵优珍，2011）。

国际创新理论也存在一定的局限性。第一，国际化速度对于企业能否顺利生存、成功扩张其业绩，都有着重要意义，然而对其的界定却存在分歧。学术界普遍认为很难对企业究竟以多快的速度实现国际化才能被定义为天生国际化做出明确规定（Chetty and Campbell-Hunt，2004；王珏等，2012）。现有文献中观测到的企业实现国际化时间差异较大，分别为三年（Andersson and Wictor，2003）、六年（Zahra et al，2000）、七年（Jolly et al，1992）和八年（McDougall et al，1994）的情况。由于不少企业在正式成立前，已经做了大量的准备工作，因此难以明确企业国际化的启动时间（Zahra，2005）。第二，国际创新理论未能随时代的发展不断创新，提出新的论点，其相关框架仍未被进一步拓展（王珏等，2012）。但正如 Zahra（2005）所提到的那样，国际创新理论已经开启了研究的先河，但尚未开启更大的研究空间。

三、渐进式国际化与国际创新理论的比较分析

与渐进式国际化相比，国际新创企业（或天生国际化企业）在公司成立不久后就进入海外市场，从侧面证明了渐进式国际化理论的局限性。国际新创企业除国际化的方式不同于传统的渐进式国际化外，与渐进式国际化阶段理论的三个基本结论相违背，即企业需要达到一定规模后才可国际化；企业占有资源优势后才能进入海外市场；企业是从逐步的国际化经营活动中获得国际市场知识和经验的，积累过程缓慢（吴寅，2010）。国际新创企业可以迅速地在国际市场上取得成功，强调的是价值附加而不是资本拥有。这与传统企业建立在国内市场基础之上的国际化道路存在极大的差异。此外，王珏等（2012）总结出了两大理论所存在差异。

第一，这两个理论的切入点不同：渐进式国际化理论着重研究自然条件对企业国际化发展的限制上（Autio and Fu，2015），其基本理论为企业的表现行为理论（Cyert and March，1963）和企业增长理论（Penrose，1966）；国际创新理论则着重研究企业的主观能动性行为，即企业在建立之初如何主动地快速实现国际化。

第二，两模型的研究目的不同：国际创新理论关注公司如何在最短时间内实现其国际化，而渐进式国际化理论则重点关注企业的国际化进程问题。

第三，两模型对实用知识的性质认定不同：渐进式国际化理论认为外国市场承诺了相对更高的资产不可替代性，即投往某一目标市场的资源，不能轻易地被转移到其他地方；而国际创新理论认定资源具有相对更高的可替代性。

第四，两模型认为实用知识的来源不同：Johanson 和 Vahlne（1977）认为实用知识只会产生在母国；而国际创新理论则认为公司所获取的资源是分散的，公司所创造的价值是建立在跨国界的有价值的资源得以充分结合、利用的基础上的（Autio，2005）。

第五，国际化决策者不同：根据渐进式国际化理论，公司制定的重大决策，尤其是走出国门的决策，是一系列组织所参与的、多种力量联合的决策过程；而基于国际创新理论的角度，天生国际化企业的创始者所具有的个人的教育背景、工作经验、个人生意圈等资源，是独一无二且难以被他人模仿的。

渐进式国际化理论与国际创新理论，仍有其他不同之处，详见表 10-1。根据上文的讨论与描述，可得出：渐进式国际化是被动而循序渐进的；国际创新理论则是主动而激进的。

表 10-1　渐进式国际化模型与国际创新理论的比较分析

类别	属性	渐进式国际化	国际创新理论
基本概念	基本理论	行为表现理论、公司增长理论	企业家精神、企业资源基础论
	理论目的	解释公司不断增值，逐渐走向国际化的进程	解释公司能在建立初期迅速走向国际化的原因
	定义	在公司成立较长时间后进行阶段国际化	在公司成立后迅速国际化
	公司特点	成立时间较长，规模较大	成立时间较短，规模较小
	行为分布	传统行业为主，如日化、制造业	新兴行业为主，如信息技术
国际化进程	程度	国际市场依次发展	多个国际市场同时发展
	速度	循序渐进，速度较缓	迅速
公司策略	公司决策制定	由公司系统制定决策	企业家或建立者制定决策
	市场承诺	高	低
	国际化战略类型	被动式，接受国外要求出口的订单	主动式，积极寻求国际化商机
	国际化目的	获取长期利益，降低风险	通过利用资源和在多个海外市场销售产品获取显著的竞争优势
	公司战略	国际化非公司核心动机	需要通过迅速、完全的国际化实现竞争优势，产品市场范围多为缝隙市场或集中市场

（续）

类别	属性	渐进式国际化	国际创新理论
目标市场确定	母国市场地位	首先发展国内市场	国内市场多被忽略
	制度环境 / 心理距离	依赖制度环境距离判断，优先发展心理距离较近的外国市场	制度、环境距离影响多被忽略，市场的确定与心理距离无关
无形资产	实用知识分散情况	实用知识难以转移	实用知识为迅速且机动的
	技术研发方式	基本依赖母国	技术、资源全球共享
	先前的国际化经验	不需要	建立者拥有对相关国际市场的一定经验
	学习国际化	由于国际化经验积累速度较慢，国际化速度被学习能力限制	由于已具有一定经验，国际化速度更快
	生意伙伴网络	在国际化早期被使用，但其重要性在国际化进程中逐渐低于公司的其他资源	要求快速、全面地在全球范围内形成乘数的生意网络圈
信息技术	信息交流技术的应用	不重要	发挥关键作用

资料来源：Autio and Fu（2015）；Chetty and Campbell-Hunt（2003）；王珏等（2012，P85）；蔡宁和黎常（2007）；笔者总结。

四、渐进式国际化与国际创新理论在国际商务研究中的应用

（一）渐进式国际化在国际商务中的研究及应用

目前，在国际商务学术界对渐进式国际化的研究侧重于该理论是否与现实中企业的国际化进程相符。大部分学者根据对西方发达国家，特别是欧洲国家的中小型企业国际化的研究，对乌普萨拉国际扩张模型提出修正或补充。

Vahlne 和 Ivarsson（2011，2014），均选择瑞典的制造业公司，如爱立信、沃尔沃等，并结合 Porter（1986）的全球化理论，根据重新配置（reconfiguration，即价值链的设计和再次设计）和协调（coordination，主要表现为组织机构调整）两个维度进行分析，通过二手数据和由访谈得到的一手数据进行定量分析，得出公司国际化的进程相当缓慢，在扩张过程中的人员及产能再次配置、组织机构调整均耗费较多时间。由于公司在国际化时面临的复杂性和不确定性较大，在这种条件下，过于迅速和大胆的决定会带来较大的风险（Vahlne et al，2011；Vahlne and Ivarsson，2014）。以上研究通过案例证明了即便全球市场已发生变化，但由于经验学习、构建新的结构、体系和关系以及建立信任和市场承诺需花费大量时间，因此，全球化应为时间较长、循序渐进的阶段化模式（Vahlne et al，2011 ；Vahlne and Ivarsson，2014）。

然而，也有学者基于对瑞典（8 家）和芬兰（4 家）的软件公司国际化的案例分

析，对乌普萨拉国际扩张模型提出修正。Arenius（2005）根据对4家芬兰软件公司的案例分析和比较，得出心理距离对于公司海外目标市场选择的影响力已降低，调研公司的海外市场选择跟随其客户的海外分布。但心理距离对于公司在海外市场的渗透速度影响较大且为反比关系，心理距离越大，市场渗透率越低（Arenius，2005）。

目前国际上对于渐进式国际化的研究主要集中于发达国家，而对于新兴经济体的跨国公司的阶段性国际扩张研究较少。同时，对于渐进式国际化的研究以定量分析和案例分析为主，缺乏以大数据、大样本为支撑的定性分析。

国内学者对于渐进式国际化的研究主要包括中国公司“走出去”和跨国公司或中外合资公司在我国的国际化进程。首先，对于中国公司渐进式国际化的研究主要集中于几家国际化较早、规模较大的中国企业国际化进程，如华为、海尔，以及国内商业银行的海外扩张进程，如中国银行和中国工商银行。

Du（2003）利用乌普萨拉国际扩张模型论证了海尔阶段性海外扩张路径的合理性。作为国际白色家电市场的后续进入者，出口—对外投资的发展路径可帮助海尔更好地积累相关经验，缩小其与国际家电巨头相比的差距，如资金技术缺乏、对海外消费者需求不了解等。许晖等（2008）根据渐进式国际化理论，同时结合米勒（Miler）等提出的国际化风险理论，利用案例分析方法，对华为公司三个阶段国际化进程的风险感知与防范进行了研究，并提出了一个国际化进入程度与风险感知的模型（见图10-6）。在利用华为的案例对模型进行验证后，该篇文章提出了一个风险管理与国际化战略决策互动的研究视角。

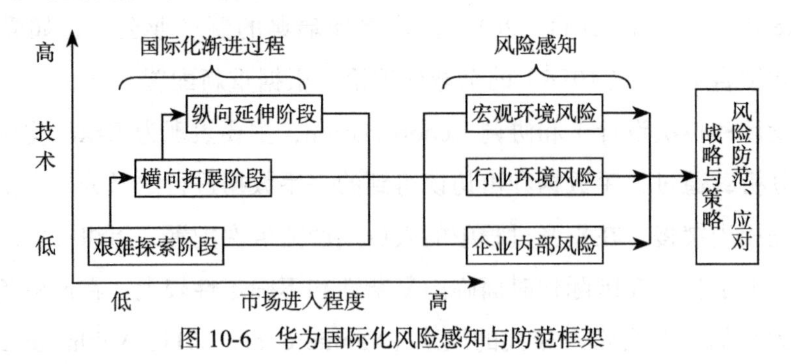

图10-6 华为国际化风险感知与防范框架

资料来源：许晖等，2008，p143。

此外，Cheung和Leung（2007）对32位在华合资广告中介公司的管理者进行深入访谈，采用开放式问题，以定性研究为主，对其所在公司在中国运营形式的变化因素进行调查。该调查结果验证了乌普萨拉国际扩张模型，如公司在中国市场的参与度随时间逐步递增，公司组织机构的改变也遵循了一个循序渐进的过程。但其运营模式改变的主要原因并非市场知识的增加，而是随客户在中国投资的增长而改变，这一点与乌普萨拉国际扩张模型相悖（Cheung and Leung，2007）。

国内对渐进式国际化的研究与应用同样存在缺乏定量分析这一局限性，也缺少对国内传统国际化和国际新创企业的对比分析。近年来，随着国内，特别是东部沿海省份涌现大量中小型国际新创企业，对企业国际化的研究重点也逐步由传统国际化转向天生国际化。

（二）国际创新理论在国际商务中的研究及应用

国际上对于国际新创企业的研究主要集中于北欧、美国、英国、澳大利亚等发达国家。20 世纪 90 年代对天生国际化的研究主题集中于探讨天生国际化存在的合理性和不同的国际化模式（Gerschewski et al，2015）。在 21 世纪初期，随着 Knight 和 Cavusgil（2004）提出目前的研究缺乏对年轻而富有创业精神的国际化企业出色表现的内外部原因分析的观点，国际上对国际新创企业的研究逐渐转向企业微观层面，以论证企业国际化内外部原因为重点。Fan 和 Phan（2007）以及 Gerschewski et al（2015）分别选取了不同国家、不同产业的中小型国际新创企业进行研究，论证了内外部因素对企业天生国际化的影响。

Fan 和 Phan（2007）选取 135 家欧洲内部航线航空服务业的新公司，基于其 1996 ～ 2004 年关于市场进入和产能决策的数据，构建二阶回归模型，运用定量分析的方法对文中提出的四个假设进行检验，指出企业在成立初期就进行国际化的决策受到母国市场大小、其他经济因素，如市场竞争水平和企业初始生产能力的影响。因此，企业在进行国际化决策时还需考虑其产能分配问题。

Gerschewski et al（2015）选取了 310 家澳大利亚和新西兰的中小型天生国际企业和传统国际企业进行对比，采用定量与定性结合的研究方法（半结构化访谈及网上问卷调查），并运用最小二乘法对关于公司及企业管理特征、企业网络、战略和外部环境四个因素的假设进行验证。该研究得出两大结论：①天生国际化的某些绩效驱动因素与传统国际化企业不同；②公司内部因素对天生国际化企业绩效的影响比外部因素更大。

随着近年来新兴经济体对世界经济的发展贡献以及发展中国家国际新创企业的活跃与成功，学术界对中国、印度、智利、巴西等国的天生国际化企业研究也增多。研究主题多数聚焦于发展中国家新创企业与渐进式国际化企业的比较（Dib et al，2010；Lin et al，2016）。

Dib et al（2010）选取了巴西 79 家软件企业，其中包括 35 家国际新创企业和 44 家传统国际化企业进行研究。作者选取了公司自身、社会网络和企业家三个影响企业国际化的重要因素作为关键变量，对问卷调查收集的数据进行了二元回归分析。根据其分析结果，巴西软件产业的天生国际化企业与渐进式国际化企业在公司和企业家两个方面差异较大，而社会网络这个因素的差异不显著（Dib et al，2010）。天生国际化企业比传统国际化公司更富有创新性和以顾客为导向，其管理者也多为具有更高技术知识的创业家，而这些管理者对海外经营的风险也比渐进式国际化企业的管理者更为敏感（Dib et al，2010）。

近几年天生国际化理论在我国得到了进一步的发展和应用，对于我国国际新创企业，特别是分布于浙江、广东等沿海省份的出口型企业研究较多。

Lin et al（2016）对中国浙江省的国际新创企业就其迅速国际化的关键因素进行了研究，运用定量分析与定性分析结合，即问卷调查数据收集和与 4 家企业管理者的半结构化访谈。该研究发现中国的天生国际化企业与传统国际化企业主要区别在于管理者和关系网络两大要素（Lin et al，2016）。此外，案例分析中的 4 家企业管理者同时注重国际市场与国内市场，而西方的国际新创企业管理者则偏向于国际市场；另外，由于受到中国文化的影响，社会关系对中国天生国际化企业更为重要，可以帮助其提高国际化的效率（Lin et al，2016）。该研究更重要的贡献在于扩展了调研行业，欧美国家对国际新创企业的研究多集中于 IT 技术等高新产业，而 Lin et al（2016）的研究分布于标签制造、纺织、机械和生物化学 4 个不同产业，涵盖了传统产业和新兴产业。

赵优珍（2011）对在我国国际新创企业与国内新创企业的对比分析填补了学术界对新兴经济体新创企业研究的空白。该研究选取了 174 家国际新创企业和 983 家国内新创企业（domestic new ventures，DNV），企业成立时间均在 6 年内，采用与企业高管半结构化访谈和统计数据比较的定量与定性分析结合方法，论证了在华国际新创企业与国内新创企业的区别，如国际新创企业更注重产品创新，为中国的国际新创企业指明了发展方向（赵优珍，2011）。

其他国内对国际新创企业的研究多关注于企业国际化的绩效。李卫宁和邹俐爱（2010）根据现有文献和分布于广东、浙江的 281 家天生国际企业的数据，引入产品策略为中介变量，用结构方程对其提出的关于创业导向与国际绩效的 4 个假设进行验证，并得出初级产品策略对公司海外市场表现影响不明显，比较之下，具有高附加值的产品对国际化表现有着积极显著的影响。

吴航和陈劲（2014）以国内制造企业为研究对象，通过变量测度、结构方程模型等定量分析方法探索了出口和对外直接投资两种不同国际化路径对企业创新绩效的影响，并证明了以上两种模式对企业创新具有积极影响，也证明了发达国家与发展中国家企业在国际化动因上的区别：发达国家企业主要为资源驱使，而发展中国家企业主要目的是学习和得到国外的战略资源。此外，黄胜等（2015）的研究则侧重于国际创业能力对国际新创企业绩效的影响机制，从动态视角出发，利用纵向案例研究，通过对 4 家具有代表性的企业的分析证明国际创业能力会随着企业生命周期变化而变化，且会通过国际创业模式对企业绩效产生正向作用。

以上研究不但丰富了天生国际化理论，也为我国新创企业的国际化指明了路径，即增强创业精神，提升企业产品战略，用符合市场需求富有竞争力的高附加值产品替代初级产品，以提升企业的国际竞争力和在国际市场的表现。

五、本章小结

尽管近年来关于国际创新理论的研究不断增多，但这并不意味着渐进式国际化理论完全过时。通过比较不难发现，国际创新理论能够解释渐进式国际化中约翰逊和瓦尔尼所忽略的地方，它能够更好地解释渐进式国际化理论所不能解释天生国际化企业的现象。国际创新理论以研究企业家精神的视角，提出了缩短甚至跨越渐进式国际化理论中国际化阶段的可能性，是对渐进式国际化理论的进一步延伸和拓展，因此，我们可以认为奥维亚特和麦克杜格尔的国际创新理论，能够作为约翰逊和瓦尔尼的渐进式国际化理论的衍生理论。

但是，国际创新理论仅将目光投向了渐进式国际化理论所忽略的地方，且这两个理论也有不少相近的假设和观点，所以也有学者指出，两个理论不是对立的而是互补的（王珏等，2012）。

参考文献

[1] E Autio, K Fu. Economic and Political Institutions and Entry into Formal and Informal Entrepreneurship[J]. Asia Pacific Journal of Management, 2015,32(1): 67-94.

[2] S Andersson, I Wictor. Innovative Internationalization in New Firms: Born-Globals: the Swedish Case[J]. Journal of International Entrepreneurship, 2003, 1 (3) : 249-276.

[3] P Arenius. The Psychic Distance Postulate Revised: From Market Selection to Speed of Market Penetration[J]. Journal of International Entrepreneurship, 2005, 3 (2) : 115-131.

[4] S T Cavusgil. A Quiet Revolution Among Australian Exporters[J]. Journal of International Marketing, 1994, 2 (3) : 4.

[5] S Chetty, C Campbell-Hunt. A Strategic Approach to Internationalization: A Traditional Versus a “Born-Global” Approach[J]. Journal of International Marketing, 2004, 12 (1) : 57-81.

[6] F S L Cheung, W F Leung. International Expansion of Transnational Advertising Agencies in China: An Assessment of the Stages Theory Approach[J]. International Business Review, 2007, 16 (2) : 251-268.

[7] R D Cyert, J G March. A Behavioural Theory of the Firm[M]. Englewood Cliffs, NJ: Prentice Hall, 1963.

[8] L A Dib, A da Rocha, J F da Silva. The Internationalization Process of Brazilian Software Firms and the Born Global Phenomenon: Examining Firm, Network, and Entrepreneur Variables[J]. Journal of International Entrepreneurship, 2010, 8 (3) : 233-253.

[9] Y Du. Haier’s Survival Strategy to Compete with World Giants[J]. Journal of Chinese Economic and Business Studies, 2003, 1 (2) : 259-266.

[10] K Eriksson, J Johanson, A Majkgard, D D Sharma. Experiential Knowledge and Cost in the Internationalization Process[J]. Journal of International Business Studies, 1997, 28（2）: 337-360.

[11] T Fan, P Phan. International New Ventures: Revisiting the Influences behind the 'Born-Global' Firm[J]. Journal of International Business Studies, 2007, 38(7): 1113-1131.

[12] S Gerschewski, E L Rose, V L Lindsay. Understanding the Drivers of International Performance for Born Global Firms: An Integrated Perspective[J]. Journal of World Business, 2015, 50（3）: 558-575.

[13] J Johanson, J E Vahlne. Internationalization Process of Firm-Model of Knowledge Development and Increasing Foreign Market Commitments[J]. Journal of International Business Studies, 1977, 8（1）: 23-32.

[14] J Johanson, F Widersheim-Paul. The Internationalization of the Firm-Four Swedish Cases[J]. Journal of Management Studies, 1975, 12（3）: 305-322.

[15] V K Jolly, M Alahuhta, J P Jeannet. Challenging the Incumbents: How High Technology and Start-ups Compete Globally[J]. Journal of Strategic Change, 1992, 1（2）: 71-82.

[16] G A Knight, S T Cavusgil. Innovation, Organizational Capabilities, and the Born-Global Firm[J]. Journal of International Business Studies, 2004, 35（2）: 124-41.

[17] S Lin, C Mercier-Suissa, C Salloum. The Chinese Born Globals of the Zhejiang Province: A Study on the Key Factors for Their Rapid Internationalization[J]. Journal of International Entrepreneurship, 2016, 14（1）: 75-95.

[18] T K Madsen, P Servais. The Internationalization of Born Globals: An Evolutionary Process?[J]International Business Review, 1997, 6（6）: 561-583.

[19] P P McDougall, B M Oviatt. Explaining the Formation of International New Ventures: The Limits of Theories from International Business Research[J]. Journal of Business Venturing, 1994, 9（6）: 469.

[20] P P McDougall, B M Oviatt. International Entrepreneurship: The Intersection of Two Research Paths[J]. Academy of Management Journal, 2000, 43（5）: 902-906.

[21] Øystein Moen，P Servais. Born Global or Gradual Global? Examining the Export Behavior of Small and Medium-Sized Enterprises[J]. Journal of International

Marketing，2002，10 (3) :49-72.

[22] J Johanson, J E Vahlne. The Uppsala Internationalization Process Model Revisited[J]. Journal of International Business Studies, 2009, 40（9）: 1411-1431.

[23] B M Oviatt, P P Mcdougall. Toward a Theory of International New Ventures[J]. Journal of International Business Studies, 1994, 25（1）: 45-64.

[24] E T Penrose. The Theory of the Growth of the Firm[M]. Oxford: Basil Blackwell, 1966.

[25] M E Porter. Competition in Global Industries[M]. Boston: Harvard Business School Press, 1986.

[26] M W Rennie. Global Competitiveness: Born Global[J]. McKinsey Quarterly, 1993, 4（4）: 45-52.

[27] F Root. Managing export entry and expansion[J]. Journal of International Business Studies, 1988, 19（1）: 149-151.

[28] J E Vahlne, I Ivarsson, J Johanson. The Tortuous Road to Globalization for Volvo's Heavy Truck Business: Extending the Scope of the Uppsala Model[J]. International Business Review, 2011, 20（1）: 1-14.

[29] J E Vahlne, I Ivarsson. The Globalization of Swedish MNEs: Empirical Evidence and Theoretical Explanations[J]. Journal of International Business Studies, 2014, 45（3）: 227-247.

[30] L Welch. Internationalization Pressure: A Post-War Australian Perspective. In Export Policy: A Global Assessment[M]. New York: Praeger, 1982.

[31] L S Welch, R Luostarinen. Internationalization: Evolution of a Concept[J]. Journal of General Management, 1988, 14（2）: 155-171.

[32] S A Zahra. Overcoming the Liability of Foreignness[J]. Academy of Management Journal, 1995, 38（2）: 341-363.

[33] S A Zahra. A theory of International New Ventures: A Decade of Research[J]. Journal of International Business Studies, 2005, 36（1）: 20-28.

[34] S A Zahra, R D Ireland, M A Hitt. International Expansion by New Venture Firms: International Diversity, Mode of Market Entry, Technological Learning and Performance[J]. Academy of Management Journal, 2000, 43（5）: 925-950.

[35] 蔡宁，黎常．企业国际化理论的新发展：国际新企业理论．国际贸易问题

[J].2007，291（3）: 98-103.

[36] 黄胜，叶广宇，周劲波，靳田田，李玉米 . 二元制度环境、制度能力对新兴经济体创业企业加速国际化的影响 [J]. 南开管理评论，2015，18（3）：71-84.

[37] 李卫宁，冯社浩，尚航标 . 天生国际企业形成动因及特征文献综述 [J]. 科技管理研究，2007，27（4）：176-178.

[38] 李卫宁，邹俐爱 . 天生国际企业创业导向与国际绩效的关系研究 [J]. 管理学报，2010，7（6）：819-824.

[39] 沈灏，杨建君，苏中锋 . 关于企业国际化的国外理论研究综述 [J]. 管理学报，2009，6（12）：1709-1715.

[40] 许晖，万益迁，裴德贵 . 高新技术企业国际化风险感知与防范研究——以华为公司为例 [J]. 管理世界，2007，20（4）：140-149.

[41] 王珏，房俨然，林花 . 渐进式国际化理论和国际创新理论的对比适应性分析 [J]. 商业时代，2012（19）：84-85.

[42] 吴航，陈劲 . 新兴经济国际企业国际化模式影响创新绩效机制——动态能力理论视角 [J]. 科学学研究，2014，32（8）：1262-1270.

[43] 吴寅 . 天生国际化企业与传统国际化企业比较研究 [J]. 合肥学院学报（社会科学版），2010，27（2）：99-102.

[44] 赵优珍 . 在华国际新创企业的特征及其与国内的比较分析 [J]. 经济管理，2011，33（2）：54-62.

[45] 周劲波，黄胜 . 知识管理视角下国际新创企业的国际化过程特征研究 [J]. 国际经贸探索，2008，12（24）：393-399.

HZ BOOKS
华章教育

国际经济与贸易

课程名称	书号	书名、作者及出版时间	版别	定价
国际商务谈判	978-7-111-38907-1	国际商务谈判（英文版·第5版）（列维奇）（2012年）	外版	39
国际商务谈判	978-7-111-39276-7	商务谈判（第5版）（列维奇）（2012年）	外版	39
国际商务	978-7-111-35144-3	国际商务（第7版）（钦科陶）（2011年）	外版	79
国际商务	978-7-111-39699-4	国际商务：环境与运作（第13版）（丹尼尔斯）（2012年）	外版	109
国际商务	978-7-111-46099-2	国际商务：环境与运作（英文版·第13版）（丹尼尔斯）（2014年）	外版	99
国际商务	978-7-111-40466-8	现代国际商务（第7版）（希尔）（2012年）	外版	69
国际商务	978-7-111-40190-2	现代国际商务（英文版·第7版）（希尔）（2012年）	外版	75
国际商法	978-7-111-44116-8	国际商法（第5版）（奥古斯特）（2013年）	外版	69
国际商法	978-7-111-29687-4	国际商法（英文版·第5版）（奥古斯特）（2010年）	外版	69
国际金融学	978-7-111-36555-6	国际金融（第12版）（艾特曼）（2012年）	外版	79
国际金融学	即将出版	国际金融（第2版）（贝克特）（2015年）	外版	49
国际金融学	978-7-111-30273-5	国际金融（精要版）（英文版·第3版）（莫菲特）（2010年）	外版	59
国际金融学	即将出版	国际金融（皮尔比姆）（2015年）	外版	69
国际金融学	978-7-111-34411-7	汇率与国际金融（第5版）（科普兰德）（2011年）	外版	62
国际金融学	978-7-111-47215-5	跨国金融管理（上册）（英文版·第2版）（贝克特）（2014年）	外版	49
国际物流学	978-7-111-48452-3	国际物流管理（许良）（2014年）	本版	35
国际物流学	978-7-111-38579-0	国际物流学（逯宇铎）（2012年）	本版	39
国际投资	978-7-111-41737-8	国际投资学（胡朝霞）（2013年）	本版	35
国际商务谈判	978-7-111-42333-1	国际商务谈判（白远）（2013年）	本版	29
国际商务	978-7-111-42330-0	国际商务（王炜瀚）（2013年）	本版	45
国际商法	978-7-111-45452-6	国际商法（第2版）（宁烨）（2014年）	本版	35
国际商法	978-7-111-49679-3	国际商法（刘刚仿）（2015年）	本版	39
国际贸易英文函电	978-7-111-30151-6	国际贸易英文函电（田野青）（2010年）	本版	24
国际贸易英文函电	978-7-111-35441-3	国际商务函电双语教程（董金铃）（2011年）	本版	28
国际贸易英文函电	978-7-111-41657-9	外贸函电（王美玲）（2013年）	本版	35
国际贸易学	978-7-111-49060-9	国际贸易学（陶涛）（2015年）	本版	35
国际贸易实习	978-7-111-45087-0	国际贸易实务实验教程（李雁玲）（2014年）	本版	30
国际贸易实习	978-7-111-36269-2	国际贸易实习教程（宋新刚）（2011年）	本版	28
国际贸易实务	978-7-111-37322-3	国际贸易实务（陈启虎）（2012年）	本版	32
国际贸易实务	978-7-111-30529-3	国际贸易实务（第2版）（精品课）（胡丹婷）（2011年）	本版	32
国际贸易实务	978-7-111-37558-6	国际贸易实务（精品课）（张孟才）（2012年）	本版	36
国际贸易实务	978-7-111-49471-3	国际贸易实务（李雁玲）（2015年）	本版	30
国际贸易实务	978-7-111-42495-6	国际贸易实务（孟海樱）（2013年）	本版	35
国际贸易实务	978-7-111-38375-8	进出口贸易实务教程（宫焕久）（2012年）	本版	39
国际贸易理论与实务	978-7-111-38549-3	国际贸易理论与实务（陈岩）（2012年）	本版	39
国际贸易理论与实务	978-7-111-49351-8	国际贸易理论与实务（第2版）（孙勤）（2015年）	本版	35
国际贸易理论与实务	978-7-111-39640-6	国际贸易理论与实务（第3版）（卓骏）（2012年）	本版	39
国际贸易理论与实务	978-7-111-33778-2	国际贸易理论与实务（吕靖烨）（2011年）	本版	29
国际经济合作	978-7-111-45488-5	国际经济合作（第2版）（赵永宁）（2014年）	本版	35
国际经济合作	978-7-111-42603-5	国际经济合作（卢进勇）（2013年）	本版	45
国际经济合作	978-7-111-48644-2	国际经济合作（孙莹）（2014年）	本版	39
国际金融学	978-7-111-44188-5	国际金融（精品课）（韩博印）（2013年）	本版	39
国际金融学	978-7-111-37659-0	国际金融学（刘园）（2012年）	本版	38
国际金融理论与实务	978-7-111-39168-5	国际金融理论与实务（缪玉林 朱旭强）（2012年）	本版	32
国际服务贸易	978-7-111-41997-6	国际服务贸易（陈宪）（2013年）	本版	35
当代世界经济	978-7-111-48058-7	世界经济概论（刘文革）（2014年）	本版	35